MW01156797

MARGARET NEYLON

La magia de los ángeles

Cómo llevar la magia angélica a tu vida

EDAF

MADRID - MÉXICO - BUENOS AIRES - SAN JUAN - SANTIAGO - MIAMI

Título del original inglés:
ANGEL MAGIC

Fotografía de cubierta: Amanda Gazidis.

Editorial EDAF, S. L.
Jorge Juan, 30. 28001 Madrid
http://www.edaf.net
edaf@edaf.net

Ediciones-Distribuciones Antonio Fossati, S.A. de C.V.
Sócrates, 141, 5º piso - Colonia Polanco
C.P. 11540 México D.F.
edafmex@edaf.net

Edaf del Plata, S. A.
Chile, 2222
1227 - Buenos Aires, Argentina
edafdelplata@edaf.net

Edaf Antillas, Inc
Av. J. T. Piñero, 1594 - Caparra Terrace (00921-1413)
San Juan, Puerto Rico
edafantillas@edaf.net

Edaf Antillas
247 S.E. First Street
Miami, FL 33131
edafantillas@edaf.net

Edaf Chile, S.A.
Exequiel Fernández, 2765, Macul
Santiago - Chile
edafchile@edaf.net

8ª edición, julio 2009

Depósito legal: M-30.126-2009
ISBN: 978-84-414-1191-3

PRINTED IN SPAIN IMPRESO EN ESPAÑA
Gráficas COFAS, S.A. Pol. Ind. Prado de Regordoño - Móstoles (Madrid)

Índice

Págs.

Introducción

ANTES DE EMPEZAR a advertir la manera de relacionarnos con nuestros ángeles y de aportar su magia a nuestra existencia, tenemos que comprender qué es un ángel. La palabra procede del griego «angelos», que significa «mensajero de Dios». Prácticamente cualquier sistema de creencias o religión, tanto del Occidente como de Oriente, incluye a unos seres —llamados ángeles, peri, fravashi o devas— a quienes Dios envía para acometer misiones especiales con nosotros, los seres humanos de la Tierra. El diccionario nos dice que los ángeles son «seres inmateriales, espíritus puros, intermediarios entre el hombre y Dios, que se hallan siempre a nuestro lado, con la tarea de guardarnos y guiarnos». Como constituyen los mediadores entre nosotros y la Fuente (Dios), pueden ejercer la magia sobre nuestras personas. No son creaciones de la Nueva Edad, ni actúan solo en California, en los Estados Unidos o en Byron Bay, en Nueva Gales del Sur, sino que han formado parte del sistema de creencias de la Humanidad desde hace más de 7.000 años. No es preciso que seas presa de la locura para contar con un ángel, ni tienes que haber alcanzado la perfección u observar una religión, porque los ángeles fueron creados por Dios para relacionarse con la Humanidad, mientras que las religiones surgieron de la Humanidad para relacionarse con Dios.

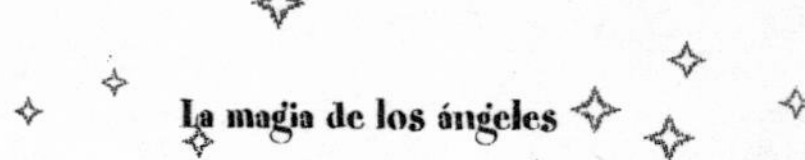

Según declaró Santo Tomás de Aquino en el siglo XIII: «Los ángeles trascienden toda religión, toda filosofía, todo credo. De hecho, los ángeles carecen de religión tal como la conocemos; su existencia es anterior a cualquier sistema religioso que haya existido en la Tierra». Hace trescientos años, Juan Calvino, el líder religioso y teólogo de origen francés, escribió: «Los ángeles son los dispensadores y administradores de la beneficencia divina respecto de nosotros; cuidan de nuestra seguridad, acometen nuestra defensa, dirigen nuestra conducta y ejercen una solicitud constante para que no nos sobrevenga mal alguno». Pero, como advirtió Santo Tomás de Aquino: «¡No siempre un hombre elige lo que su ángel guardián pretende!».

Los ángeles fueron creados por Dios para relacionarse con la Humanidad, mientras que las religiones surgieron de la Humanidad para relacionarse con Dios.

¿Qué es la magia?

Con harta frecuencia la misma palabra «magia» suscita imágenes amedrentadoras de tinieblas, fuego, azufre, infierno y todo lo que evoca algo siniestro. Sucede así porque solemos no entender en qué consiste la magia y de dónde procede. Del mismo modo que el «coco» fue introducido a los miembros de mi generación para retenernos en casa, incontables generaciones han tejido relatos de ogros y de hombres lobos, vampiros, brujos y hechiceras a la manera de las películas grandilocuentes de Cecil B. De Mille con el fin de hacer que el narrador nos infundiera asombro.

No hay nada como un poco de conocimiento para capacitarse a uno mismo. Examinaremos, pues, el significado de algunas palabras que guardan relación con la magia al objeto de saber más acerca de esta.

Empezaremos con la palabra «magia». Los cristianos están familiarizados con el término gracias a los tres magos que acudieron a postrarse ante Jesús, recién nacido en Belén (también se los conoció como «los tres sabios»). Mago es una palabra de origen persa y griego que sirve para designar a quien recurre a la «fuente» con el fin de conseguir que algo suceda. De mago surgió el adjetivo «magikos», transformado en «magica» latina que ahora conocemos como «magia», lo que un «mago» utiliza para lograr que acontezcan cosas portentosas. El vocablo latino «mirari» significa «maravillarse», y «milagro» procede de «miraculum», «algo de lo que asombrarse». La palabra inglesa «spell» (conjuro, entre otras acepciones) procede de la francesa «espeler», que significa «leer en voz alta», y se entiende asimismo como «mencionar las letras de un vocablo». Desde hace muchos miles de años se sabe que cada palabra, sobre todo escrita, ejerce un poder enorme. Los documentos más antiguos de China todavía subsisten en su condición casi original simplemente porque las gentes conocían la importancia del texto escrito. En la mayoría de las grandes religiones y durante muchos siglos solo los sacerdotes leían los textos sagrados y semejante conocimiento estuvo vedado, en especial, a las mujeres. ¡Como se dice, «El conocimiento es poder»!

Conocemos ya, pues, los antecedentes de las palabras «magia», «mago», «milagro» y «conjuro» y sabemos por eso que se trata sencillamente de palabras. Están faltos de poder a no ser que se lo prestemos nosotros mismos y desde luego carecen de cualquier implicación negativa. Puesto que «conocimiento es poder», la mayoría de las instituciones más influyentes del mundo han hecho cuanto les ha sido posible para mantener a las masas en la ignorancia y por tal razón sumisas a través del miedo a lo desconocido. En algunos países, solo los acaudalados pueden llegar al conocimiento a través de los estudios, pero todo el mundo posee la posibi-

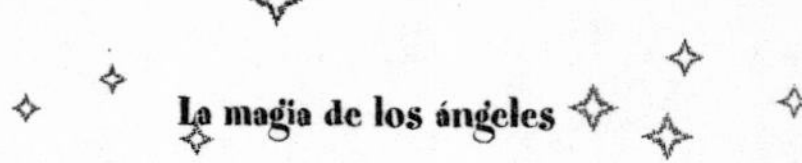

lidad de capacitarse a sí mismo y de una manera virtualmente libre de dispendios. Así procedí yo, con la ayuda angélica. También tú puedes capacitarte a través de la mediación de tus ángeles, y en esto consiste toda la magia angélica.

¿Es peligrosa la magia?

Tu siguiente pegunta puede ser esta: «¿Pero no es peligrosa la magia?». La simple respuesta es tajantemente negativa. Creo que somos espíritus que han decidido tener una experiencia terrena con objeto de aprender ciertas lecciones en la vía hacia el desarrollo espiritual y personal. Considero que nuestras ánimas se hallan envueltas por el cuerpo físico y que nuestra mente es gobernada por nuestro ego; mas, por miedo que sea capaz de sentir este, siempre disponemos de nuestra conexión que carece de temor. ¿Por qué temer cuando nos hallamos relacionados con Dios y con los ángeles? Pero sucede como si la parte humana de nosotros hubiese olvidado que contamos con esa fuente de conocimiento a través de nuestro espíritu y que, por tanto, debamos aprender de nuevo aquí en la Tierra. Toda la enseñanza de que precisamos nos es fácilmente accesible a través de nuestro espíritu. Es lo que denominamos «intuición» porque procede del interior. Nuestros ángeles se hallan aquí para socorrernos en nuestra vía a través de la «Universidad de la Vida», del mismo modo que el profesor nos ayuda en la escuela o en un centro superior. Lamentablemente, a través de los siglos, la Humanidad ha castigado a menudo a personas que vivieron gracias a su propio conocimiento innato o intuitivo. Resulta harto fácil manipular a una multitud de seres que rara vez piensan por sí mismos, y de ahí la quema de brujas, e incluso de los expertos en hierbas que utilizaban su saber mágico de las plantas, como parte de la tentativa de la Iglesia para acabar con la hechicería en Gran Bretaña y en el resto de Europa a través de los siglos XVII y XVIII. Cuando las gentes viven en el temor a causa de su ignorancia, pueden aceptar fácilmente como verdad la palabra de cualquiera en vez de asumir la responsabilidad de su propia existencia.

Así pues, ¿es la magia contraria a Dios o a la Biblia? Si lees las Sagradas Escrituras, te familiarizarás con algunas citas del Nuevo Testamento (en los Evangelios de San Mateo y de San Lucas): «Pide, y recibirás; busca, y encontrarás. Llama, y se te abrirá la puerta. Porque todo el que impetra, obtendrá, y quien busca encontrará y la puerta se abrirá a todo el que llame». ¿Puede ser en realidad tan sencillo como esto? ¿Basta simplemente con que pidas? ¡Sí, de hecho es tan simple!

Si se te antojan difíciles de creer estas declaraciones, evoca tu propia vida y recuerda las veces en que virtualmente has solicitado resultados negativos pensando o diciendo: «Nunca funcionará» / «Jamás conseguiré una respuesta» / «No aprobaré el examen», etc. ¿Y cuál fue la consecuencia? Si eres sincero contigo, comprenderás que te has involucrado en los problemas en vez de desembarazarte de estos, igual que me pasó a mí. En el capítulo 2 te explico algo de mi propia historia y del modo en que la magia angélica realmente aportó milagros a mi vida. Esa es la razón de que quiera compartir mis experiencias contigo y mostrarte con cuánta facilidad eres también tú capaz de aportar la magia angélica a tu existencia.

Acerca de este libro

La magia estriba en emplear el poder de tu palabra, tu pensamiento y tu acción en conjunción con los dones de la Madre Naturaleza y con las ofrendas de Dios. Si buscas un libro que te proporcione «evocaciones» (conjuros que aporten la manifestación física de un ángel), entonces esta no es la obra que te corresponde. *El libro de la magia angélica* se halla basado en la creencia de que, en cualquier caso y en todo tiempo, tu ángel te acompaña. ¡Esta obra se refiere más a «invitaciones» que a «evocaciones»! Considero que reviste mucha importancia solicitar la ayuda de un ángel y mostrar luego disposición y voluntad para aceptar lo que se conoce como el «resultado perfecto», que es el que los ángeles saben que es el adecuado para ti y para cualquiera implicado en tu indagación angélica.

En *El libro de la magia angélica* mi intención es exponerte el gozo de contar con los ángeles en tu vida, de reunirte con ellos de un modo simple y fácil y refutar la opinión de que operar con los ángeles constituye una tarea difícil o la capacidad reservada solo a unos pocos. Los ángeles representan dones de Dios para todos. Cada uno de nosotros posee la facultad de comunicarse con ellos de cualquier modo que nos sea posible, y todos tenemos la oportunidad de aportar su magia a nuestras vidas de las maneras más sencillas. No son precisos cursos costosos, testimonios o ceremonias de iniciación; tu ángel se encuentra contigo ahora, lo sepas o no. ¡Y el momento en que le introduzcas en tu vida será el instante en que comenzará la magia!

El libro de la magia angélica explica cómo:

- ***Crear mágicamente un cambio,*** mediante la eliminación de obstáculos y prescindiendo de toda resistencia (considera simplemente que la mayoría de esos escollos suelen ser obra de nosotros mismos, a través de nuestros propios temores).
- ***Crear mágicamente el amor,*** mediante el perdón y aprendiendo primero a amarnos a nosotros mismos y luego a los demás.

- ***Crear mágicamente una abundancia,*** desvelando el bien inacabable de la Creación.
- ***Crear un entorno sano*** para nosotros mismos y para los seres con quienes compartimos este planeta.
- ***Crear un campo natural de protección*** alrededor de nosotros, de nuestras familias y de nuestros hogares.

Rituales y visualizaciones

A lo largo de este libro encontrarás rituales y ejercicios de visualización que te ayudarán a relacionarte con tus ángeles y que aportarán la magia angélica a tu vida.

Un ejercicio de visualización es un medio de desahogo por el que se te estimula a imaginarte a lo largo de un viaje en el que podrás disfrutar de ciertas experiencias. El primer paso consiste en relajar todo tu cuerpo y toda tu mente para que su aspecto creativo participe en ese desplazamiento. En una situación de grupo, un líder «guiará» a otros en ese viaje; si te encuentras solo, puedes atenerte a los esquemas inscritos en este libro e interpretarlos luego por ti mismo.

La palabra «ritual» procede del vocablo «rito», que se halla relacionado con el término sánscrito «riti», indicador de «modo» o «costumbre». Observando ciertos hábitos, debes llegar a relacionarte con la magia angélica de una manera tanto fácil como placentera.

Antes de acometer cualquiera de los ejercicios de visualización expuestos en este libro, busca un lugar en donde te encuentres en paz, desconecta el teléfono móvil, descuelga el fijo y, de ser necesario, coloca en la puerta un gran cartel de No Molestar. Enciende después siquiera una vela y pide a los ángeles que estén contigo en ese momento. Al margen de que la luz de la vela sea tranquilizadora y atrayente, los ángeles son «seres de luz», procedentes de la Luz (Dios). Creo que pueden relacionarse contigo más fácilmente cuando no bombardeas tu entorno con corrientes eléctricas.

La Ley Universal del Retorno Decuplicado

Cuando realices magia angélica, importa que no manipules a alguien para que actúe contra su voluntad, porque eso lo incapacita y jamás podrás obtener un «resultado perfecto» si procedes de esa manera. Existe una ley llamada «La Ley Universal del Retorno Decuplicado». ¡Te promete que cuanto hagas se te devolverá con una fuerza diez veces superior! Piensa simplemente en el número 8, que es también el símbolo del infinito. Imagínate de pie en la parte inferior del círculo inferior de la cifra y que envías una palabra como «Amor». El poder de ese vocablo se extiende hacia fuera, cobra impulso al alcanzar el lado opuesto de la cifra 8 y rebota hacia ti diez veces más fuerte que cuando la enviaste hacia arriba. (¡Si has intentado dominar la pelota en un partido de squash, sabrás lo que pretendo decir!) ¡Cualquiera que opere dentro de este campo es consciente de tal circunstancia y cabe por tanto imaginar lo que sucedería al final si acometieses una acción o pronunciaras una palabra de carácter negativo! (De hecho, y según ya cité antes, cuando la Iglesia quemó a las brujas y a sus gatos durante los siglos XVII y XVIII, Gran Bretaña y el resto de Europea se vieron abrumados por ratas que aportaron la peste y causaron centenares de miles de muertes. ¡Cabría considerar esta consecuencia como un «retorno decuplicado» que fue el efecto de sus acciones!) Cuando operes con ángeles, en nada te beneficiará semejante conducta, que constituye de algún modo un medio de manipular a otra persona o de actuar contra su voluntad natural. La magia angélica es pura y amorosa y solo es capaz de brindar bien a cambio.

La magia angélica es pura y amorosa y solo es capaz de brindar bien a cambio.

Lo que necesitarás

Según ya expuse antes, es muy escaso el esfuerzo requerido para relacionarse con la magia angélica. Todo lo que necesitarás será un lugar tranquilo dentro o fuera de casa y en función del lugar en donde actúes:

- **Velas** (algunos rituales funcionan más rápidamente con velas de un color específico. Cuando no se mencione el color en los siguientes rituales, confía en tu instinto y elige aquel que mejor te parezca).
- **Figuras** o **imágenes angélicas**.
- **Algo de color dorado** (para atraer hacia ti la energía áurea de los ángeles).
- **Varitas de incienso** (algunos de los rituales mencionan aromas concretos y también puedes optar por aquellos que estimes adecuados.
- **Cartón/papel**.
- **Tijeras** o **abrecartas**.
- **Rotuladores, tizas** o **pinturas**.
- **Cintas de audio** y un **magnetófono** si deseas repetir los ejercicios de visualización.

En algunos de los rituales expuestos se mencionan ciertos elementos específicos. ¡Cuando no puedas permitírtelos o no los tengas a mano, no te preocupes: los requisitos más cruciales de cualquiera de los rituales son los pensamientos y acciones de amor, y estos los tienes ahora mismo a tu alcance!

Los requisitos más cruciales de la magia angélica son los pensamientos y acciones de amor.

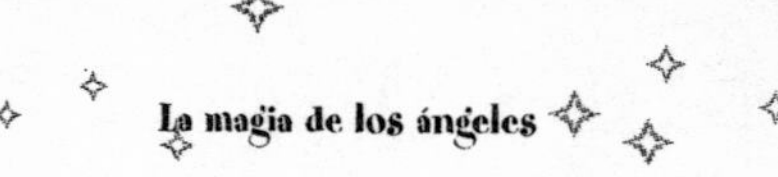

Una advertencia final

¿Estás ya preparado para crear el cambio y aportar el amor, la abundancia y la salud a tu vida? Has de empezar, sin embargo, contigo, porque la única vía hacia la felicidad y la realización pasa por ti y no por ninguna otra persona. Eso es realmente lo que significa el término tan empleado de «capacitación». Por ejemplo, no es posible que nos sintamos felices por el hecho de haber logrado que alguien nos ame; hemos de aprender a amarnos a nosotros mismos antes de que seamos capaces de atraer el amor hacia nuestra existencia. ¡Todo cuanto hacemos actúa como un imán, y cuando comprendamos, pues, que podemos crear nuestra propia magia, nos sobrevendrán todo género de acontecimientos mágicos!

¡Todo cuanto hacemos actúa como un imán, y cuando comprendamos, pues, que podemos crear nuestra propia magia, nos sobrevendrán todo género de acontecimientos mágicos!

Capítulo 1

Todo acerca de los ángeles

Los ángeles en la Historia

COMO MENCIONÉ en la Introducción, los ángeles fueron considerados «mensajeros de Dios», enviados por Él para acometer ciertas misiones especiales en nosotros los seres humanos aquí en la Tierra. Los ángeles nos han acompañado desde la Prehistoria, y su presencia en nuestras vidas ha quedado registrada a través de muchos siglos tanto oralmente, a través de relatos y leyendas, como simbólicamente, mediante ceremonias y rituales.

Gracias a antiguas noticias, sabemos que en la época de Mesopotamia y Sumeria existían criaturas aladas y sobrenaturales. De *Kabiru*, por ejemplo, nos llegó la palabra querubín; era el vocablo asirio concebido para mencionar a las formas humanas aladas que actuaban como «guardianes» de Babilonia y Sumeria. Griegos y romanos tuvieron desde luego sus propios dioses, solícitos y *daimones,* que eran espíritus revestidos de aspectos benignos y malignos, siendo protectores los buenos. Hermes es el bien conocido «mensajero alado de los dioses» de los griegos al que los romanos llamaron Mercurio. Cuando el cristianismo llegó a esas tierras y las iglesias desearon ganar más fieles entre los creyentes paganos, los daimones se convirtieron en los que ahora denominamos «demonios» y fueron relegados a los escalones inferiores como seres a los que era preciso temer.

Hace cosa de unos cuatro mil años, en las regiones más orientales de Persia y la India, las gentes se relacionaban con los *devas* (resplandecientes), estrechamente vinculados a los cuatro elementos de la Tierra, el Fuego, el Aire y el Agua y los primeros textos hindúes (llamados *Vedas*) también los mencionan. Estos «resplandecientes», mensajeros de los dioses, fueron luego introducidos en el judaísmo, más tarde en el cristianismo como ángeles, y posteriormente en el islam, en donde se les conoce como *malaikas.* En consecuencia, ángeles, devas, kabirus, daimones y malaikas son los mismos mensajeros resplandecientes de Dios que colaboran con los humanos y otros seres del planeta al objeto de aportar la armonía y la cooperación a nuestro mundo.

Uno de las primeras menciones escritas de un ángel aparece en el Libro del Génesis de la Biblia, cuya antigüedad según diversos escrituristas se remonta a unos 5.000 años antes de Cristo. Desde esta primera cita en el Libro del Génesis a la última en el Apocalipsis, los ángeles aparecen al menos unas trescientas veces en el Antiguo y en el Nuevo Testamento.

En el Evangelio de los Esenios (de los manuscritos perdidos de la hermandad de esa denominación), Jesús de Nazaret explica a los miembros de su congregación la importancia de honrar los dones de Dios, incluyendo el papel de cada uno de los ángeles y de la Madre Tierra. En la confesión islámica, el profeta Mahoma fue llevado a los cielos por ángeles y fue el arcángel Gabriel quien le dictó lo que sería el mensaje del Corán. Los ángeles no cuidan solo de las gentes porque, según Mahoma, «cada gota de lluvia que cae es acompañada por un ángel, puesto que incluso esta es una manifestación de la existencia». En época más reciente, Joseph Smith, de Vermont, Estados Unidos, recibió al ángel Moroni mientras oraba en un campo y este ángel le mostró en dónde hallar «un libro escrito con letras de oro» que contenía «la totalidad del Evangelio perdurable». Tal obra se convirtió en el cimiento de la «Iglesia de Jesucristo de los Santos del Último Día», conocida también como la de los mormones. Esos ejemplos de ángeles mencionados en diversas religiones prueban de nuevo que proceden originariamente de Dios y que no es preciso seguir una determinada confesión para relacionarte con tus propios ángeles.

La jerarquía angélica

A lo largo de los siglos muchos estudiosos han desarrollado tesis acerca de la jerarquía de los ángeles. Parece que la Humanidad necesita clasificar a los ángeles de esta manera, de igual modo que solemos contar con jerarquías en los sistemas políticos, educativos y religiosos. En el siglo VII de nuestra Era, el papa San Gregorio Magno proclamó la existencia de nueve «órdenes de ángeles»: ángeles, arcángeles, principados, potestades, virtudes, dominaciones, tronos, serafines y querubines. Los arcángeles, ángeles guardianes y príncipes (principados) son al parecer quienes se relacionan directamente con los seres humanos y cuidan de nuestro planeta. ¿Pero constituyen realmente los ángeles una estructura jerárquica? No pretendo profundizar en tales cuestiones y me limito a confiar en que el ángel oportuno estará a mi lado cuando le requiera.

Nombres angélicos

¿Tienen nombres los ángeles? Tal vez sea nuestra necesidad humana la que exija atribuirles determinadas apelaciones con el fin de comunicarnos más fácilmente con ellos. Los documentos hebreos citan algunos nombres de ángeles. (Advierte que el sufijo «-el» o «-il» indica en hebreo «del Señor»,

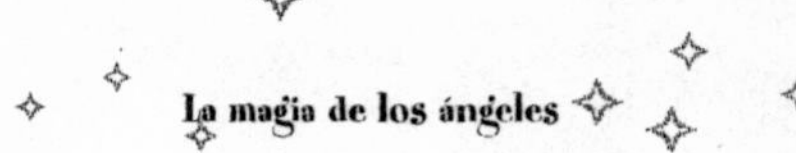

y comprueba que todos los nombres acaban así.) Mientras que Miguel es mencionado en el Libro de Daniel como el «jefe de los príncipes», nosotros le conocemos como uno de los cuatro arcángeles principales. Los otros tres son Gabriel, Rafael y Uriel; de Gabriel se dice que gobierna a los serafines, mientras que Rafael posee la «mano curativa de la divinidad», y Uriel es el arcángel del mundo físico y del planeta Tierra.

Las listas de nombres de ángeles y arcángeles difieren en función de que consultes las fuentes cristianas, el Talmud o la Cábala. El Corán, por ejemplo, también menciona a cuatro arcángeles: Jibraiil (asimismo conocido como Gabriel), Mika'il (Miguel), Azrael (Rafael, aquí considerado como el Ángel de la Muerte) e Israfel (el ángel que toca la última trompeta al final de la jornada y que despertará a los muertos el Día del Juicio). También en razón de las fuentes, la creación de los ángeles se remonta a momentos diferentes, pero Miguel, Uriel, Gabriel y Rafael (asimismo citado como Ramiel) suelen ser mencionados juntos. Importa prescindir del dogmatismo en lo que se refiere a los nombres de los ángeles. ¡Lo que interesa es establecer contacto con ellos, sea cual fuere su nombre!

Los cuatro arcángeles

En muchos libros sagrados cristianos, islámicos y judíos, sobre todo en la Biblia y el Corán, aparecen menciones de los arcángeles. Desempeñan también un papel fundamental en la Cábala (doctrina esotérica judía), en donde hay uno asignado a cada emanación divina. ¡Yo concibo a los arcángeles como los «supervisores» del planeta y de todo lo que aquí acontece, mientras que los ángeles guardianes son quienes se hallan encargados de orientar a los seres humanos! Si se tratase de una organización empresarial, yo imaginaría a Dios como el presidente, a los arcángeles como gestores y a los ángeles guardianes como empleados! ¡Los seres humanos asumirían el papel de «clientes»!

Como los arcángeles se relacionan con tantos sistemas de creencias, he aquí alguna información interesante concerniente a cada uno de ellos:

Arcángel Gabriel

Conocido como «hombre de Dios» o como «Dios es mi fuerza», aparece mencionado en varias ocasiones en la Biblia en calidad de portador de mensajes a los seres humanos; por ejemplo, en el Libro de Daniel (8:16-27) cuando le brindó palabras de esperanza, y en el Evangelio de San Lucas (1:11-22) cuando anunció el nacimiento de San Juan Bautista y más tarde (1:26-38) el de Jesús. Gabriel se apareció a la Virgen María y asimismo al profeta Mahoma. En consecuencia, nos transmitió importantes noticias al margen de nuestra raza o de nuestro credo. Gabriel es también el arcángel de la creatividad y de las artes.

Dirección:	Gabriel es el Ángel del Occidente.
Elemento:	Agua.
Signos del Zodiaco:	Cáncer, Escorpio y Piscis.
Tareas:	Aportar esperanza, justicia, creatividad e intuición para una mayor conciencia de la Humanidad.
Día/s:	Lunes.
Planeta:	La Luna.
Colores:	Plata, blanco y azul.

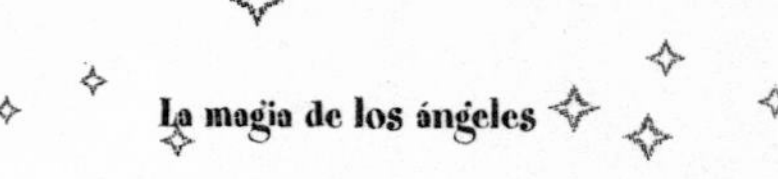

Arcángel Uriel

Conocido como «fuego de Dios», podría ser ahora considerado como el «ángel ecológico» que cuida del planeta Tierra y de todos los que lo pueblan. En la Cábala se le asigna al «pilar medio del Árbol de la Vida». En el Libro de Enoch, este profeta describe a Uriel como «uno de los ángeles sagrados que velan por el mundo, el jefe de todos ellos», y Enoch declara: «Uriel me mostró el Sol, la Luna y las Estrellas, todas las criaturas dispensadoras que giran en los carros de los cielos».

La fiesta de Uriel es el 28 de julio, en algunos lugares la época que media entre la recogida del heno y la cosecha del trigo.

Dirección:	Uriel es el Ángel de Oriente.
Elemento:	Aire.
Signos del Zodiaco:	Géminis, Libra y Acuario.
Tareas:	Asegurar un cambio constante y cíclico en nuestro planeta y en nuestras vidas. Aportar una conciencia cósmica universal.
Día/s:	Martes y viernes.
Planeta:	Urano.
Colores:	Violeta, blanco y añil.

Arcángel Miguel

Se halla asimismo conocido como «El que es como Dios». Su misión es la de defender a los débiles y proteger a aquellos que se enfrentan con peligros de cualquier tipo. Gráficamente se le presenta matando a un dragón, por lo que cabe considerarlo como símbolo de un protector que nos ayuda a superar nuestros temores.

Dirección:	Miguel es el Ángel del Norte.
Elemento:	Tierra.
Signos del Zodiaco:	Tauro, Virgo y Capricornio.
Tareas:	Proteger a aquellos que tropiezan con dificultades a lo largo del camino de su existencia. Miguel puede aportarnos paciencia, motivación, ambición y protección cuando progresamos hacia la capacitación personal.
Día/s:	Jueves y domingo.
Planeta:	Mercurio.
Colores:	Naranja, blanco y dorado.

Arcángel Rafael

Rafael (o Ramiel) significa «¡Dios ha curado!». Rafael gobierna a los serafines (los ángeles dotados de amor y de luz) y una de sus misiones consiste en supervisar los vientos crepusculares. Es el arcángel encargado del cambio del cuerpo físico, de la curación, la salud y la longevidad.

Dirección:	Rafael es el Ángel del Sur.
Elemento:	Fuego.
Signos del Zodiaco:	Aries, Leo y Sagitario.
Tareas:	Aportar a nuestra existencia el amor, la alegría, la luz y el conocimiento; se halla especialmente encargado de las misiones de la curación angélica en todo el mundo.
Día/s:	Miércoles y sábado.
Planeta:	Mercurio.
Colores:	Amarillo, blanco y gris.

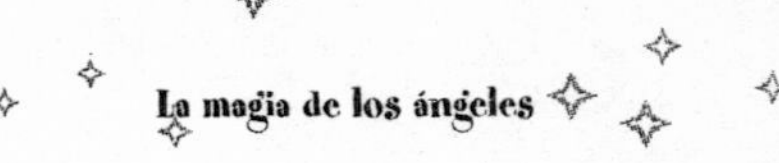

Actuar con los arcángeles

Si deseas aportar una curación adicional a un sector específico de tu vida, solicita la ayuda del arcángel correspondiente (de acuerdo con lo que he indicado). También resulta útil introducir su magia angélica en tu existencia, optando por los rituales adecuados que más tarde se describen en este libro, en el día perteneciente a ese arcángel concreto y al tiempo que te remites a tu signo específico del Zodiaco (ver a continuación).

Ángeles para cada día de la semana

Cuando desees atraer a tu vida las fortalezas concretas de estos arcángeles, alcanzarás un éxito mayor si los llamas en su día específico de la semana y dispones de algo de su color para honrarlos. Por ejemplo, de solicitar la ayuda del arcángel Gabriel, tal vez optes por utilizar un candelabro plateado con una vela azul y/o vestir algo de estos colores.

DÍA	ÁNGEL	COLOR
Lunes	Gabriel	Plata, blanco, azul
Martes	Uriel	Violeta, blanco, añil
Miércoles	Rafael	Amarillo, blanco, gris
Jueves	Miguel	Naranja, blanco, dorado
Viernes	Uriel	Violeta, blanco, añil
Sábado	Rafael	Amarillo, blanco, gris
Domingo	Miguel	Naranja, blanco, dorado

Ángeles para cada signo del Zodiaco

SIGNO DEL ZODIACO	ARCÁNGEL	ELEMENTO
Aries *(21 de marzo-20 de abril)*	Rafael	Fuego
Tauro *(21 de abril-20 de mayo)*	Miguel	Tierra
Géminis *(21 de mayo-20 de junio)*	Uriel	Aire
Cáncer *(21 de junio-22 de julio)*	Gabriel	Agua
Leo *(23 de julio-22 de agosto)*	Rafael	Fuego
Virgo *(23 de agosto-22 de septiembre)*	Miguel	Tierra
Libra *(23 de septiembre-22 de octubre)*	Uriel	Aire
Escorpio *(23 de octubre-21 de noviembre)*	Gabriel	Agua
Sagitario *(22 de noviembre-21 de diciembre)*	Rafael	Fuego
Capricornio *(22 de diciembre-20 de enero)*	Miguel	Tierra
Acuario *(21 de enero-18 de febrero)*	Uriel	Aire
Piscis *(19 de febrero-20 de marzo)*	Gabriel	Agua

Sí, hay un arcángel para los cuatro elementos del Zodiaco astrológico. Comprueba el que corresponde a la fecha de tu nacimiento (arriba) y ten conciencia de que en caso de necesitarlo puedes recurrir a ese arcángel en cualquier momento del año. Los cuatro elementos son el Fuego, la Tierra, el Aire y el Agua. He aquí una breve mención de las características principales de cada elemento y del modo en que es posible la ayuda de los arcángeles:

Elemento Fuego: Las personas del Fuego pueden expresarse con gran pasión y entusiasmo, pero su llama se extinguirá con facilidad cuando se sientan abrumadas. Envuélvete en la luz de una vela en el momento en que te adviertas así y solicita de Rafael que reavive tu pasión interna para que veas a través de los tiempos oscuros.

Elemento Tierra: Las personas de la Tierra suelen ser prácticas, muy trabajadoras, responsables y cumplidoras, pero en ocasiones se atascan en el camino y les cuesta liberarse. Pide a Miguel que te ayude a alzar la cabeza para que puedas ver un camino diferente por donde ir y con el fin de que te proteja del miedo al cambio.

Elemento Aire: Por lo común, personas de mentalidad abierta y de pensamiento rápido, desean compartir con otros sus conocimientos e ideas. Tal vez se tornen dogmáticas y rígidas en sus creencias. Uriel puede ayudarte a que despejes tu cabeza y a aliviarte cuando tus pautas mentales se enturbien con ideas anticuadas.

Elemento Agua: El más sensible de todos los elementos. Las personas del Agua suelen ser muy intuitivas y espirituales. Pero como pertenecen asimismo al más sensible de los signos, es posible que también se manifiesten retraídas y medrosas. Gabriel puede llenar tu corazón con el amor que necesitas para compartir con otros tu sensibilidad y tu intuición.

Ángeles del calendario anual

Cuando mis hermanas y yo éramos pequeñas, competíamos entre nosotras por ser la primera en decir «¡Conejos blancos!» en la mañana del primer día de cada nuevo mes y aportar así buena suerte a nuestras vidas. Hay un modo más simple de asegurarte de hacer lo oportuno en el momento adecuado, y consiste en conectar con los ángeles del calendario anual. Según algunas fuentes, a cada mes del año se halla asignado un ángel, y cuando establecemos contacto con él puede ayudarnos de maneras especiales a lo largo de ese tiempo. Al dar la bienvenida al ángel de cada nuevo mes, nos tornamos más conscientes de los cambios que hemos de realizar ante cada uno de esos periodos y en cualquier año de nuestra existencia. También entendemos mejor las oportunidades de operar con la energía natural de las estaciones. Cuando comience un nuevo mes, enciende simplemente una vela y saluda al ángel correspondiente pronunciando su nombre. Solicita su ayuda para tomar conciencia de los cambios que se operen en tu vida y con el fin de que te ayude a enfrentarte con cualesquiera retos que halles en el camino. Comprueba qué ángel puede auxiliarte ahora mismo y reconoce lo que tal vez necesites hacer en este momento.

Nota: Lo que a continuación sigue está escrito para el hemisferio septentrional. En atención a los lectores del hemisferio meridional, en donde se experimentan de modo diferente las estaciones, he incluido entre paréntesis el mes alternativo.

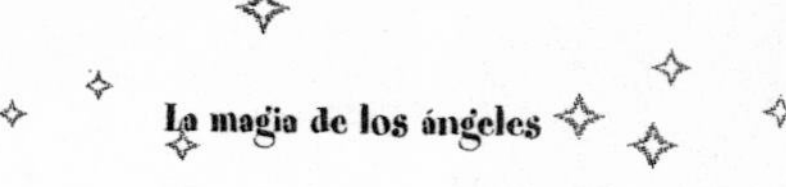

El Ángel de enero. Gabriel

(Hemisferio meridional. Gabriel es el ángel de ***julio****)*

Época para el conocimiento íntimo, para determinar hasta dónde hemos llegado y hacia dónde nos dirigimos. Una introspección saludable constituye un don que podemos recibir del arcángel Gabriel, quien se nos acerca como un espíritu sabio, ayudándonos a encontrar tibieza en el frío del invierno.

El Ángel de febrero. Barquiel

(Hemisferio meridional. Barquiel es el ángel de ***agosto****)*

En razón de las nieves y de las lluvias, se conoce a menudo a este mes como la época que «colma las zanjas». Durante este tiempo quizá tengamos que enfrentarnos con algunos obstáculos elementales y, aunque sepamos que la primavera se acerca al horizonte, tal vez perdamos fácilmente la fe. El ángel Barquiel nos aporta luz en las tinieblas y el don de la paciencia mientras aguardamos una nueva aparición del crecimiento.

El Ángel de marzo. Maquidiel

(Hemisferio meridional. Maquidiel es el ángel de ***septiembre****)*

¡Y por fin, la primavera! Con ayuda del ángel Maquidiel somos capaces de disfrutar de un empuje de nuestra fuerza íntima y de nuestro valor, que nos permitirán iniciar la siembra de las semillas de lo que más tarde cosecharemos. Con este ángel celebramos el Equinoccio de Primavera, el símbolo del equilibrio entre el Sol y la Luna (el fuego de la acción y la receptividad de la intuición).

El Ángel de abril. Asmodel

(Hemisferio meridional. Asmodel es el ángel de ***octubre****)*

Este mes es la época de la renovación y del renacer. Ahora que el Sol brilla y son más largos los días, disponemos de la energía para acometer nuevos empeños, conocer a otras personas y buscar nuevos horizontes.

En todo lo que nos rodea podemos celebrar con el ángel Asmodel el don de una nueva vida.

El Ángel de mayo. Ambiel

(Hemisferio meridional. Barquiel es el ángel de ***noviembre****)*

En una de las épocas de mayor abundancia del año, el ángel Ambiel nos ayuda a mantener viva dentro de cada uno de nosotros esa chispa creativa profundamente arraigada. Ahora es el momento de agradecer al reino dévico su apoyo constante y los maravillosos regalos de la Naturaleza. (Los devas son ángeles que cuidan de esta).

El Ángel de junio. Muriel

(Hemisferio meridional. Muriel es el ángel de ***diciembre****)*

Ya advertimos realmente a la Naturaleza bajo su mejor aspecto cuando nos ofrece la paz y la estabilidad de saber que nuestra cosecha está garantizada. Tal vez necesitaremos eliminar algunas excrecencias de nuestro abundante crecimiento, pero el ángel Muriel puede ayudarnos a disfrutar de semejante tarea bajo la luz del Solsticio de Verano y en compañía de amigos y familiares afectuosos y solícitos.

El Ángel de julio. Verquiel

(Hemisferio meridional. Verquiel es el ángel de ***enero****)*

El ángel Verquiel contribuirá a que apreciemos y disfrutemos de los beneficios de algún trabajo agotador en que hayamos ocupado nuestra existencia. Con frecuencia nos vemos tan absortos en nuestros afanes y tareas que olvidamos detenernos en la simple contemplación. Este ángel nos recordará que hay un tiempo para el trabajo y otro para la relajación.

El Ángel de agosto. Hamaliel

(Hemisferio meridional. Hamaliel es el ángel de ***febrero****)*

A menudo no reparamos en la importancia de algunos de los dones que nos han sido otorgados. Con el fin de sacar el mayor partido de cuanto disponemos, debemos no apartarnos ahora de la necesidad de proseguir con gran atención lo que hemos empezado. El ángel Hamaliel nos ayudará a conservar nuestras energías cuando hayamos de aportar un esfuerzo adicional a nuestra existencia.

El Ángel de septiembre. Uriel

(Hemisferio meridional. Uriel es el ángel de ***marzo****)*

Ya casi ha llegado el momento de cosechar lo que hemos plantado, cuidado y disfrutado. Quizá empiezan a marchitarse algunas de las cosas que iniciamos, y tal vez nos resistamos a su desaparición. El ángel Uriel nos ayudará a ver que existe una razón válida para cada estación y que incluso cuando las cosas lleguen a su fin natural todavía son capaces de proporcionarnos sustento.

El Ángel de octubre. Barbiel

(Hemisferio meridional. Barbiel es el ángel de ***abril****)*

¡Tiempo por fin de cosechar! ¡Volvemos entonces la vista hacia atrás, a los meses pasados, y advertimos cuán lejos hemos llegado! El ángel Barbiel nos recuerda la generosidad de la Naturaleza y en este momento se brinda a que comprendamos que «recogerás lo que hayas sembrado». Disfrutaremos inmediatamente de algunas cosas; otras pueden esperar a que llegue el tiempo oportuno.

El Ángel de noviembre. Adnaquiel

(Hemisferio meridional. Adnaquiel es el ángel de ***mayo****)*

Si has trabajado de firme, te sentirás agradecido a los beneficios de la cosecha con los que habrás de mantenerte durante el próximo invierno. A medida que se acortan los días, el ángel Adnaquiel nos apremia a mostrar nuestra gratitud a otros que nos han apoyado a lo largo del año y por supuesto a los seres del reino dévico.

El Ángel de diciembre. Hanael

(Hemisferio meridional. Hanael es el ángel de ***junio****)*

Las noches son largas y breves las horas del Sol. Es el tiempo de acordarse de cuidar de los ángeles del reino natural, los devas, y de asegurarse de que se sientan a gusto y libres de los estragos del invierno. Introduce en tu casa algunas plantas verdes e invita a los devas a morar en tu hogar durante la estación gélida y fría. El ángel Hanael nos ayudará a disfrutar del equilibrio del dar y el recibir.

Capítulo 2

Experiencias angélicas

UNO DE MIS ÁNGELES me dijo recientemente: «Dentro de cada uno de nuestros espíritus está nuestro Ser con muchos ángeles». Creo que desde el momento en que nuestro espíritu decide emprender el viaje hacia la Tierra para aprender ciertas lecciones en la vía del desarrollo espiritual y personal, a cada uno se nos asigna un ángel.

Existen numerosas referencias a los ángeles en los textos de algunos de los más grandes escritores de diversos siglos. Al margen de las obras épicas de John Milton, Dante Alighieri y John Donne, los ángeles aparecen también en obras de Shakespeare como *Hamlet* y *Romeo y Julieta*, mientras que Mark Twain, William Blake, Paulo Coelho, Byron, John Ruskin, Robert Browning, George Bernard Shaw, León Tolstoi y G. K. Chesterton, por citar unos pocos, también los mencionaron en sus textos. El sacerdote católico Padre Pío escribió sobre la ayuda que obtuvo de los ángeles, y este fue también el caso de muchos papas como Juan XXIII y Pablo VI; pero, en cierto modo, el público en general parece haber perdido el contacto con los ángeles. Existe la impresión de que al asentarnos en la época de la ciencia empírica tendemos a perderlos de vista. Según dijo en 1978 el papa Juan Pablo I: «Los ángeles son los grandes desconocidos en esta época. Es necesario referirse mucho más a ellos como ministros de la Providencia en el gobierno del mundo y de los hombres».

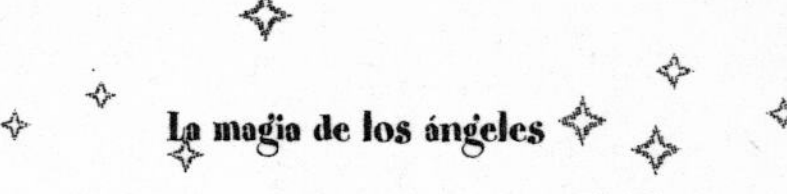

Creyentes famosos

Aunque algunas personas menosprecien el auge reciente del interés por los ángeles como simple «seudorreligión» o «extravagancia de la Nueva Era», son muchos los creyentes famosos que manifiestan a los cuatro vientos cuanto saben acerca de la presencia de estos seres celestiales en sus vidas. ¡Y se requiere desde luego valor para proceder de tal modo, porque hasta hace poco tiempo su postura no gozaba ciertamente de aceptación general! Se corría de inmediato el riesgo de que en el mejor de los casos a uno le llamaran «excéntrico» y en el peor «loco de remate». Mas persistieron en compartir sus experiencias. La gente me pregunta a menudo por qué se ha registrado semejante giro de actitud en los últimos años. Se ha hablado mucho acerca de la llegada de la Era de Acuario, que comporta un cambio sísmico en la conciencia. Aunque Acuario sea un signo del Aire, también simboliza al Portador del Agua, alguien que transmite a la Tierra una corriente constante de conocimientos. Hemos dejado atrás asimismo un siglo y, según la ciencia de los números, este ha sido un paso gigantesco a partir de una situación en la que nos sentíamos abandonados, perdidos y aislados y llegamos a comprender que disponíamos de opciones y que quizá la clave de nuestra verdadera realización consista en cooperar con otros. Sea cual fuere la razón de la mudanza, es como si se hubieran tornado más próximos los reinos de los cielos y la tierra, como si los ángeles descendieran y nos indujesen cordialmente a manifestarnos.

Billy Graham, evangélico

El evangélico estadounidense Billy Graham ha hablado a menudo de los ángeles desde que inició sus predicaciones hace casi medio siglo. En una entrevista publicada en *Midwest Today* (diciembre de 1992) declaró: «Los ángeles pertenecen a una dimensión singularmente diferente de la Creación que apenas somos capaces de comprender. Dios les ha otorgado conocimientos, poderes y movilidad superiores a los que nos dio a nosotros. Sin mensajeros de Dios... espíritus dispensadores, cuya tarea principal consiste en transmitir Sus órdenes al mundo. Les ha atribuido la categoría de embajadores. Les ha asignado y capacitado como sus sagrados ayudantes. Los ángeles hablan. Aparecen y reaparecen. Son criaturas emocionales...».

Doctor John C. Lilly, científico

El científico estadounidense John C. Lilly, que trabajó con las Fuerzas Aéreas y el Departamento de Sanidad de su país, y es probablemente más conocido por sus observaciones acerca de los sistemas de comunicación de los delfines, no teme hablar abiertamente de su fe en los ángeles. En su autobiografía, *The Scientist*, explica cómo encontró en la niñez a su ángel guardián y el modo en que se ha comunicado con él desde entonces.

Padre Pío

Nació en 1887 en el seno de una familia campesina de Pietrelcina, en Italia. Más tarde se haría monje, recibiría los estigmas en las manos, los pies y el costado y sería conocido como Padre Pío. Este fraile jamás dejó de referirse a su ángel y de hablar con él, asegurando que lo había encontrado en los primeros años de su vida. Los dos eran amigos íntimos. ¡Y con frecuencia, en lugar de las telecomunicaciones actuales, supo a través de su ángel de las necesidades de otras personas! De esta manera curó a otros, aunque se hallasen en el extremo opuesto del mundo. Algunas personas más oyeron y vieron a sus ángeles. En cierta ocasión, varios de sus compañeros de claustro percibieron voces que cantaban conforme a una armonía celestial y no consiguieron averiguar de dónde procedían. El Padre Pío les explicó que eran los ángeles que llevan almas al cielo. Cuando murió el 22 de septiembre de 1968, algunos turistas estadounidenses que se encontraban por entonces en Italia vieron ángeles en el cielo nocturno y afirmaron que desaparecieron al asomar el Sol por la mañana.

Pierre Jovanovic, periodista

El periodista francés Pierre Jovanovic resolvió específicamente investigar a esos seres, tras haber sobrevenido en su existencia algunos acontecimientos inesperados. Decidió escribir un libro en donde plantearse con la técnica de su profesión las cuestiones relativas a los ángeles. La obra ha sido traducida al inglés bajo el título de *Enquiry into the Existence of Guardian Angels*. Jovanovic inició su búsqueda tras comprender que la intervención angélica lo había salvado de convertirse en víctima de un francotirador. Al principio mostró una postura abierta pero sanamente escéptica. Las numerosas «coincidencias» le pusieron en contacto con sus ángeles. «La primera vez juzgas que solo ha sido un accidente. En la segunda, cuando alguien te entrega un libro acerca de la presencia de los ángeles en el arte, piensas que se trata de una auténtica coincidencia. La tercera vez recibes una carta que comienza diciendo: "Eres mi ángel guardián..." y te dices que aquello constituya una simultaneidad increíble. La cuarta ocasión te deja mudo. Tras la décima, te rindes, y después de la vigésima vez empiezas a hablar seriamente con tu ángel.»

Profesionales de la medicina

Quienes han trabajado con moribundos, como la doctora Elizabeth Kübler-Ross, el doctor Raymond Moody, el profesor Kenneth Ring y el doctor Melvin Morse, han investigado acontecimientos fascinantes acerca de encuentros angélicos en «experiencias próximas a la muerte», algunas de las cuales son mencionadas posteriormente en este capítulo. Françoise Dolto, la psicoanalista infantil, se muestra también dispuesta a manifestar su intimidad con los ángeles y solicita abiertamente su protección cotidiana.

Escritores famosos

En su autobiografía, *The Eagle and the Rose*, la inglesa Rosemary Altea narra una experiencia personal y espiritual en la que asimismo participaron ángeles. Oraba diariamente, impetrando la ayuda de Dios. En cierta ocasión solicitó un signo para saber si procedía adecuadamente al desarrollarse como médium y actuar así de intermediaria entre los afligidos y los seres espirituales. Relata el modo en que obtuvo una respuesta inmediata: «Supe instintivamente que estaban allí. Los oí muy bien, manifestándose en una completa armonía. ¡Los ángeles entonaban un canto claro y dulce!».

A mediados de los años cincuenta del siglo XX vivía en los Estados Unidos una niña de cinco años a quien aterraba todo, en especial ir a dormir, por miedo a no volver a despertar. Una noche se le apareció un ángel y le dijo: «Recuerda siempre que nada debes temer». Aquella niña era Eileen Elias Freeman, que después escribiría varios libros sobre los ángeles, incluyendo *Touched by Angels* y *Angelic Healing*.

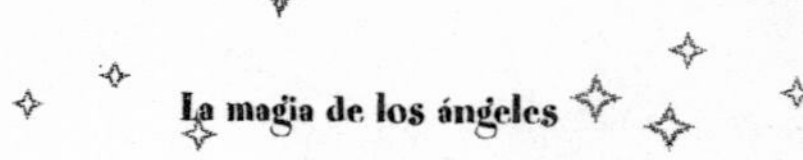

¿Cuál es la apariencia de los ángeles?

«Solo cuando se elevan a los cielos, se te revelan los ángeles», dijo Robert Browning. Pero tal vez no sea así. En términos generales, como los ángeles son «seres de luz» cobran una apariencia luminosa. Con frecuencia uno advierte que cambia la energía en derredor al establecerse el contacto; puede ser cálida o fría. La mayoría de las personas que han visto ángeles los describen como «brillantes», «una luz resplandeciente», «al igual que seres humanos excepto que parecen dotados de una iluminación interior». Otros advierten «trazos de luz como los rastros que dejan a su paso unos fuegos artificiales». (¡Son «seres de luz» y por tanto se desplazan a la velocidad de esta!) ¡Me parece más fácil percibirlos cuando es escasa o nula la interferencia de ondas de radio y de televisión e incluso la de la energía eléctrica de las bombillas! Por tal motivo suelo ver la televisión a la luz de una vela.

En la mayoría de los casos he percibido a los ángeles como bolitas de una energía brillante que se desplazan en torno de una estancia o como gigantescas siluetas humanas constituidas por un intenso resplandor dorado. Si anhelas desesperadamente contemplarlos para demostrarte su existencia, trata de no clavar tus ojos en cualquier «visión» que adviertas. Observa, por el contrario, con lo que se conoce como el «tercer ojo», que es en realidad tu centro espiritual radicado en la pequeña hendidura entre las cejas. Eso significa que si crees ver un ángel, en vez de fijar tu mirada en él debes desviarla un tanto a la izquierda y a la derecha de donde se te presenta. Se trata de hecho de lo que se llama «mirar con el rabillo del ojo» y quizá requiera alguna práctica.

Emma Heathcote, una eminente teóloga de la Universidad de Birmingham, ha estudiado varios centenares de experiencias personales de «encuentros» con los ángeles. Una cuarta parte de los interrogados afirmaron que vieron a su ángel con alas, una quinta parte halló a su ángel bajo una forma humana que apareció y se esfumó tan súbitamente como había llegado. El resto percibió una presencia, captó un perfume extraño y vio una figura de blanco o se sintió rodeado por las alas de un ángel. Aunque se acepta por lo general que los niños pequeños poseen una elevada sensibilidad psíquica y juzgan muy corrientes tales encuentros, lo interesante en los estudios de Emma Heathcote es el hecho de que la mayoría de sus sujetos tuvieran edades comprendidas entre los 36 y los 55 años.

Los ángeles pueden además aparecer como personas corrientes, sobre todo cuando surgen repentinamente para ayudarnos en tiempos de crisis. Una circunstancia en la que coinciden los participantes en esos encuentros es el hecho de que sus ojos sean «cautivadores» y que jamás se olviden las palabras que profieren.

¡El socorro de los ángeles!

Aunque los cínicos quizá rechacen como simple ilusión la idea de ver a los ángeles, durante la Primera Guerra Mundial se registró un caso de su presencia que tuvo un efecto inmediato en los numerosos espectadores.

Durante la Gran Guerra (1914-1918), como fue conocida, millares de soldados de uno y otro bando perdieron sus vidas tratando de ganar uno o dos metros de terreno frente al «enemigo», sobre todo en la frontera entre Francia y Bélgica. Se libraron batallas horrendas, cuando los soldados de ambos bandos se encaminaban a una muerte segura tras recibir de sus jefes la orden de abandonar la seguridad relativa de las trincheras y lanzarse a la tierra de nadie. Uno de tales lugares que perdurará en las mentes de muchos es Mons, en Bélgica. Se prefiguraba ya como cierta la derrota de los aliados en la batalla; solo resistían incólumes dos regimientos frente a unidades alemanas que les aventajaban en número de efectivos.

Y en el momento en que todo parecía decidido llegó en su ayuda un ser brillante «de pelo rubio y armadura dorada»; al decir de los soldados ingleses, «tenía toda la apariencia de San Jorge, el santo patrono de Inglaterra». A los alemanes, mandados por el general Von Kluck, se les antojó que el arcángel Miguel había acudido en socorro de sus enemigos y su luz resplandeció sobre los millares de soldados británicos que tenían ante ellos. Sus caballos se negaron a dar un paso más, volvieron grupas y abandonaron el campo de batalla. La historia ha sido referida por muchos testigos, tanto aliados como alemanes. Representó un giro decisivo en la batalla de Mons y proporcionó grandes esperanzas y aliento a los acosados infantes británicos. Tan asombroso fue el acontecimiento que muchos se refirieron después a lo sucedido sin temor al posible ridículo. ¡Eso es lo que yo llamo magia angélica!

Más de dos décadas después, durante la Segunda Guerra Mundial y en la pequeña aldea de Budaliget, cerca de Budapest, en Hungría, cuatro jóvenes se reunieron en un refugio subterráneo para impetrar ayuda espiritual ante la arrolladora penetración de los ejércitos de Hitler en su país. Sucedió en 1943, y una de las tres mujeres presentes, Gitta Mallasz, empezó a transmitir de repente las palabras que recibía de un ángel. Tales mensajes les ayudaron a sobrevivir a la sangría de la Segunda Guerra Mundial. Después de la guerra, Gitta se especializó en el grafismo artístico, y solo a comienzos de los años sesenta empezó a narrar lo que había acontecido. Reunió sus experiencias en un libro titulado *Talking with Angels.*

Los ángeles y las experiencias próximas a la muerte

En una época más reciente, un médico estadounidense, Raymond Moody, inició uno de los primeros estudios sobre las que ahora se consideran «experiencias próximas a la muerte». Son aquellas en donde el espíritu de una persona abandona su cuerpo físico en razón de una enfermedad o un trauma grave y por cualquier motivo que fuera retorna después al cuerpo, que vuelve a la vida.

Durante esas experiencias próximas a la muerte muchas personas, jóvenes y viejas, han conocido maravillosas visiones espirituales. En primer lugar, tienden a dejar su cuerpo y a verlo bajo ellas como si se liberasen de su presencia física. Luego se les aparece lo que llaman «una Luz» o «un Ser Luminoso» y los lleva en un viaje durante el cual vuelven a sentir experiencias previas y repasan lo sucedido. En un determinado momento se les otorga la posibilidad de retornar a su cuerpo o de permanecer en «el cielo». Tales avatares son siempre evocados como hechos que cambiaron sus existencias, proporcionando a quienes los conocieron un mayor conocimiento sobre su misión en la vida. Muchos de quienes han pasado por experiencias próximas a los ángeles vieron ángeles y se sintieron curados por semejante encuentro.

En su libro, *Parting Visions*, el doctor Melvin Morse declara que en sus propias investigaciones al menos la mitad de los niños contemplaron a ángeles guardianes como parte de sus experiencias próximas a la muerte y que más tarde esos ángeles pueden reaparecer para ayudarles en tiempos de crisis.

En épocas anteriores, la profesión médica solía rechazar tales experiencias como «alucinaciones». Pero ya a finales de los años veinte, sir William Barrett, un profesor de Física en el Royal College of Science de Dublín, Irlanda, emprendió un estudio sistemático de las «visiones en el lecho de muerte».

El suyo fue el primer trabajo científico que llegó a la conclusión de que la mente de un paciente moribundo se revela a menudo clara y racional. En años más cercanos, Wilder Penfield, padre de la moderna neurología, ha documentado el hecho de que en el lóbulo temporal derecho del cerebro contamos con un sector al que llama «centralita del misticismo».

¿Pero qué decir de la posibilidad de que, por obra de un adoctrinamiento previo en la religión y la cultura, estemos contemplando lo que esperamos ver? Resulta ciertamente factible. ¿Pero es probable? ¿Cuál es la razón de que solo vieran ángeles el 50 % de los niños observados por el doctor Melvin Morse? Educados en una determinada religión, judía, cristiana, islámica, etc., parecería más probable que constituyeran cerca del 100 %. Existen además casos de niños que jamás habían oído hablar de los ángeles y que, sin embargo, los vieron al sufrir experiencias próximas a la muerte. El doctor Morse señala que varios de los niños se sintieron decepcionados al contemplar ángeles sin alas. Una se sentó en la cama y dijo: «¡Ángeles, veo ángeles!». Entonces pareció extrañada y preguntó: «¿Por qué no tienen alas?». Y el doctor Morse inquiere: «¿Cuál sería la razón de que esa pequeña contemplase algo diferente de lo que esperaba si las experiencias próximas a la muerte fuesen simplemente una fantasía de la mente?». ¿Cuál, en efecto?

Los estadounidenses no son los únicos que han dado cuenta de experiencias próximas a la muerte. En Australia, la doctora Cherie Sutherland, investigadora asociada a la Facultad de Sociología de la Universidad de Nueva Gales del Sur, estudió también esos fenómenos. Publicó sus hallazgos en los libros *Transformed by the Light*, *Children of the Light* e *In the Company of Angels*. En uno de tales casos, una niña pequeña llamada Penélope permaneció en coma durante cinco días. Cuando recobró la conciencia, declaró: «He ido a ver a los ángeles. No tuve miedo. Cuando estaba con ellos, vi a una mamá ángel y a un papá ángel con una gran barba blanca y a muchos ángeles que iban y venían. Y al decir que quería volver a casa, el abuelo ángel me trajo». Otra chica, Helen, que se había desplazado a través de un túnel hasta llegar a una luz brillante, manifestó: «Oí esa música, pero ignoraba de dónde llegaba y ni siquiera puedo explicar cómo sonaba. Pensé: "No sabía que hubiera tantas notas entre las que conozco"». Otra de las niñas, Hannah, se mostró también asombrada por lo que percibió: «Oí música», dijo. «No puedo describirla en términos terrenales. Todavía resuena en mí a veces. Es de flautas pero no como las de aquí.»

Mi propio relato

Desde muy pequeña siempre supe de los ángeles. Quizá empezó todo cuando contaba solo unos cuantos meses de edad y caí muy enferma. Pasé largo tiempo lejos de mis padres, de un hospital a otro, mientras trataban de averiguar la causa de mi mal. Recuerdo vagamente la sensación de aislamiento respecto de las enfermeras que de vez en cuando se acercaban a mi cuna. ¡Me parecía que en mi cuna contaba con mi pequeño mundo y que no las necesitaba! ¡Luego mejoré y me devolvieron a casa, pero siempre permanecía silenciosa y hasta los cuatro años no conseguí hablar de un modo inteligible! Como a la mayoría de los niños, me inculcaron la idea del ángel guardián que cuidaría siempre de mí, y cuando rezaba las oraciones por la noche incluía siempre una plegaria destinada a ese ser. En nada me diferenciaba de los niños de mi edad; todos habíamos oído hablar de los ángeles y todos les rezábamos. ¿Qué fue lo que sucedió entonces? ¿Por qué la mayoría de los seres humanos los desechan cuando crecen? Solo puedo suponer que cuando aprendemos la lectura, la escritura y el cálculo y desarrollamos nuestro lado izquierdo racional del cerebro más que el lado derecho intuitivo, tendemos a alejarnos de ese mundo indemostrable y al que rara vez cabe percibir. ¡Y, desde luego, cuando se plantea la cuestión, tememos el ridículo si nos referimos a nuestra creencia!

Mas, por algún motivo, no prescindí de mi ángel. Siempre supe que estaba a mi alrededor. ¡Imaginaba que todo el mundo sabía que también poseía uno y me asombró descubrir, cuando ya había cumplido veinte años, que yo parecía hallarme en minoría a propósito de esa opinión! Aquella percepción logró que me sintiera extremadamente inmadura y muy estúpida, y en ese momento me alejé de mi ángel y dejé de escucharlo. Por fortuna para mí, el ángel permaneció a mi lado, aunque yo le ignorase completamente durante muchos años. Solo reabrí mis ojos y mis oídos y comencé a comunicarme de nuevo con mi ángel diez años después, cuando pasé por malos momentos. ¡Pero esta vez nada dije a nadie de su existencia!

Creo que soy un ejemplo vivo del modo en que los ángeles pueden ayudarte a transformar tu vida en algo mágico. A comienzos de los años noventa me sentía angustiada, deprimida, estaba sin empleo y carente de medios de fortuna. Aunque no soy perezosa ni incapaz de aprender nuevas destrezas, cada vez que conseguía un trabajo, algo iba mal y me encontraba de nuevo en el paro. Y tenía que hacer frente al pago de una hipoteca y a todos los gastos cotidianos de la vida. ¡Mi existencia era una pesadilla que también, durmiendo, se repetía! Busqué desesperadamente un medio de salir de esa situación y continué solicitando la ayuda de los ángeles. Durante ese tiempo recibí mensajes de ellos, pero era tan baja mi propia estimación que no conseguía entender su significado. Aun así, los escribí y ahora poseen un sentido para mí. (Podrás leer más acerca de estos mensajes en el capítulo 3.)

El 29 de junio de 1994, tendida bajo un árbol de mi jardín y preguntándome qué haría, recibí un mensaje angélico que decía: «Organiza un curso titulado "Hablar con los ángeles"». Llegó a través de una voz en la que había aprendido a creer a través de los años: amable y consoladora, pero insistente y decidida. ¡Había solicitado ayuda y la recibía! Obedecí el mensaje y pronto empecé a organizar por toda Irlanda seminarios y cursos sobre ese tema. Pero en aquella época temía que la gente me creyese loca; proseguí, sin embargo, con mi tarea y por fortuna conseguí bastante atención positiva de los medios de comunicación; logré además crear un amplio círculo de amigos y colegas valiosos que ha pervivido hasta ahora.

Durante los años transcurridos he dispensado mis cursos sobre los ángeles en muchos lugares, incluyendo Francia, Australia y Gran Bretaña. He escrito por añadidura un libro titulado *Open Your Heart to Angel Love*, creado cintas sobre meditación y elaborado mis propias «Tarjetas de Inspiración Angélica» utilizando los mensajes recibidos de los ángeles a lo largo de los años. (Busca en el capítulo 3 el modo de realizar tus propias Tarjetas de Inspiración.) Claro está que todo eso no sobrevino de la noche a la mañana, pero una vez que creas en la ayuda angélica serás capaz de aportar la magia a tu existencia y de dar los primeros pasos en la tarea de traducir en acciones tus propios deseos. Yo lo hice. Describo a menudo esta situación como «El miedo llamó a mi puerta. Mi ángel me ayudó a abrirla. Allí no había nadie». El temor es el obstáculo mayor con el que todos hemos de enfrentarnos. ¡A través de la magia angélica podemos descubrir que ni siquiera existe!

Solo hace unos pocos años solicité de mi ángel que me ayudase a encontrar una carrera en donde pudiera trabajar principalmente en mi casa, sin tener que padecer las pesadillas del tráfico y que me proporcionase unos buenos ingresos. Casi inmediatamente sobrevino la magia. Sonó el teléfono y me pidieron que con carácter regular escribiera una columna para una revista; esa tarea me permitió lograr después una colaboración semanal en un periódico y al cabo de un año tenía un programa semanal en una cadena de difusión nacional. ¡Y aconteció después algo todavía más milagroso: me confiaron un espacio en un programa semanal de la televisión! ¡Qué cambio tan notable y enteramente debido a la ayuda de mi ángel! Durante varios años seguí impetrando de los ángeles la presencia en mi vida de ciertas cosas: dinero, un coche nuevo, etc. Ahora he recibido uno de los mejores dones, la paz del espíritu. Eso no significa que no yerre a veces en mis afanes; supone simplemente que si algo no resulta como yo hubiera deseado, comprendo que hay una razón para que sea así. ¡Ese motivo suele manifestarse en el hecho de que haya algo mejor que me esté destinado! Podría denominar a eso magia angélica. Y así lo llamo.

A lo largo de los años he conocido de modo regular «experiencias angélicas». No son necesariamente de la variedad del «Camino de Damasco», pero a largo plazo han ejercido sobre mi existencia algunos efectos positivos a los que me referiré después. Con frecuencia tal vez pensemos que hace falta que los rayos relampagueen en el cielo y que nos llegue el estruendo de los truenos para saber que los ángeles están próximos, pero en mi caso sucede exactamente lo contrario.

Veamos este ejemplo. Cuando iniciaba mis seminarios angélicos en octubre de 1994, y mientras paseaba por un parque cercano, recogí del suelo tres hojas de arce japonés y las guardé en el cuaderno que utilizaba durante mi trabajo. Supe entonces que tres ángeles me cuidaban y que tales hojas me recordarían su presencia mientras hablaba a diversos grupos. A lo largo de varios meses viajé por Irlanda, ocupada en mi tarea, y las tres hojas resecas y arrugadas permanecieron en mi cuaderno sin que recordara su existencia. Al año siguiente, un golpe de fortuna (sin duda un regalo de los ángeles) me dio la oportunidad de ir a Australia. Acepté la oferta y llegué a Sidney el 20 de junio, la víspera del Solsticio de Invierno en aquel hemisferio. Veinticuatro horas más tarde visité un centro comercial, sintiéndome muy perdida y confusa sin duda por culpa del desfase horario. ¡Estaba convencida de que, de alguna manera, había abandonado a mis ángeles en Irlanda o en mi viaje a las antípodas y de que tal vez no fuese nunca capaz de recobrarlos! Me inquietaba cada vez más semejante pérdida mientras atravesaba aquel espacio acristalado. De repente distinguí ante mí sobre el pavimento una hoja de arce japonés, del intenso rojo anaranjado otoñal de las que había tenido conmigo durante los anteriores seminarios. Me detuve y la recogí. Observé alrededor y en parte alguna vi un árbol de hoja caduca. Como ya era invierno en Sidney, no deberían haber quedado desde luego hojas caídas. Sencillamente supe que aquella circunstancia representaba un mensaje de los ángeles que me decían: «No te preocupes, estamos aquí, acompañándote en tu viaje». Sintiéndome por un lado necia y por otro maravillada, llevé la hoja de arce en mi viaje de regreso a Irlanda y la guardé en mi cuaderno. ¡Pese al hecho de que en los años transcurridos ese cuaderno haya estado conmigo en cada seminario organizado en mi país y en el extranjero, la hoja de arce japonés conserva el mismo aspecto que tenía cuando la encontré en 1995! Otra muestra de magia angélica.

Al parecer, los ángeles gustan de actuar con la Madre Naturaleza. En otro caso, esta vez durante un invierno en Irlanda me sentí deprimida e inútil mientras daba un paseo por el Phoenix Park. Hay un sector de ese parque al que llaman el «Jardín Popular», en donde crecen árboles y arbustos ornamentales. Pero en el mes de enero quedaban escasas flores, si es que había alguna, y tampoco vi a nadie. Justo al cruzar la entrada camino del estanque, encontré apoyado en

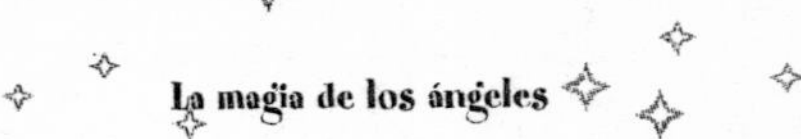

la verja un manojo de lilas que parecían haber sido apresuradamente arrancadas de una mata. Pasé a su lado y seguí adelante. Pero algo me dijo que volviese. Eran desde luego lilas recién cortadas (una de mis flores favoritas) de color morado, símbolo de la energía espiritual. Tras mirar a mi alrededor y no hallar a ninguna persona, las acepté como un regalo y las llevé a mi casa. ¡Más «magia angélica»!

En ocasiones, los ángeles te permiten percibir un bello aroma para que sepas que están contigo. En mi caso, suele tratarse de olores florales y, con el fin de denotar su procedencia angélica, no corresponden a la temporada, como el olor a jacintos en otoño o a rosas en diciembre. Una tarde regresaba en mi coche a casa tras haber celebrado un seminario en Galway, en la costa occidental de Irlanda. Había sido una jornada muy atareada, no iba sola y me preguntaba si debería proseguir el viaje cuando todo el vehículo se colmó de un intenso aroma a pinos. Mi acompañante también lo advirtió. Aquel olor me reanimó, induciéndome a seguir hasta casa sin que sintiera ya cansancio. ¡Tienes que prestar atención a estos mensajes mágicos nimios pero inconfundibles porque también pueden sobrevenirte!

Con frecuencia, cuando nos hallamos muy ocupados durante las horas de vigilia, nuestros ángeles acudirán en los sueños. He conocido muchos que me han apartado de la desesperación y de la conciencia de mi insignificancia para conducirme a una realidad de júbilo y de abundancia.

Con frecuencia, cuando nos hallamos muy ocupados durante las horas de vigilia, nuestros ángeles acudirán en los sueños.

En febrero de 1993 tuve un sueño especialmente vivaz, que no he olvidado nunca. Por aquella época las cosas no me iban bien. Acababa de conseguir un empleo como colaboradora de una revista. Carecía de coche y parecían escasas las posibilidades de que alguna vez pudiera poseerlo. Entonces tuve ese sueño. Fue breve pero vivaz. Mi ángel estaba a la derecha y nos hallábamos tras un vehículo rojo con portezuela posterior. Mi ángel insistía: «Es para ti»; y señalaba especialmente el reborde superior de la portezuela. Cuando desperté, recordé el sueño y supe sin duda alguna que pronto sería dueña de un coche de esas características. No tenía idea de cuál sería su aspecto, así que dediqué unos días a husmear por los aparcamientos a la búsqueda de un vehículo semejante. Al final descubrí que se trataba de un Peugeot 205. Al cabo de un mes me pusieron al frente de la redacción de la revista y me subieron el sueldo. En ese breve tiempo había pasado de creer que jamás poseería un coche a rastrear la publicidad de los periódicos. Entonces vi el anuncio del Peugeot 205... Se trataba de un modelo razonablemente reciente y de un precio accesible. Llamé a la agencia y pregunte cuál era su color. «Rojo», afirmó el vendedor. Así que concerté una cita para probarlo al día siguiente. (Seguro que pensaría: «¡Una mujer típica, que elige un coche por su color!».) Compré el vehículo y lo conservé durante más de cinco años. ¡Me llevó por todo el país y apenas tuve alguna queja de aquel coche! Lo llamé «mi coche soñado» por su maravillosa ausencia de averías y porque, desde luego, me fue entregado en un sueño.

Con el paso del tiempo llegó el momento de pensar en cambiar de coche y recorrí todo Dublín a la búsqueda de un modelo más nuevo del Peugeot 205. Cada vez que encontraba uno, se me iba de las manos; parecía que por una razón u otra no podría comprarlo. Finalmente, dije: «¡Ángeles, os ruego que me ayudéis a encontrar el coche perfecto!». Entonces tuve otro sueño. Conducía un vehículo, pero ignoraba de qué modelo se trataba; tan solo sabía que su interior era diferente de aquel al que estaba acostumbrada. La voz de mi ángel manifestó: «Ve a la agencia de North Circular Road». ¡En aquella época yo vivía en esa zona, mas por alguna razón no había reparado en que a cosa de un kilómetro de mi casa existía una agencia de automóviles! Acudí a ese lugar el mismo día y un coche pareció destacar entre todos como si apuntara sus faros hacia mí. En vez de probar uno de sus Peugeots, opté por examinar el vehículo que me había llamado la atención. Era un Nissan Almera de conducción automática, mucho más opulento que cualquier coche que hasta entonces hubiera conducido. Pero en cuanto me senté al volante, supe que era para mí. Y así sucedió. ¿Ves qué fácilmente pueden los ángeles solucionar las cosas en tu beneficio? ¡Pero antes has de pedir y luego escuchar!

Tuve otro sueño angélico cuando comenzaba mis seminarios sobre la manera de hablar con los ángeles. Me hallaba en una situación harto insegura, tanto en mi economía como en mi propia estimación, y todo parecía discurrir más bien lentamente. Una noche de octubre de 1994 experimenté un sueño vivo y memorable en el que recibía un gran ramo de flores y a continuación contemplaba frente a mí un narciso. Tampoco en esta ocasión se trató de ningún «Camino de Damasco». Fue tan simple y breve como esto: al despertar supe que me habían prometido un buen motivo de celebración y de felicitación (el símbolo de recibir un ramo de flores) y que sobrevendría en primavera (cuando florecen los narcisos). Así conseguí mantener el ánimo durante todo un hosco invierno en el que pedí constantemente a mis ángeles ayuda y la confirmación de que estaba procediendo como debía. En febrero, una periodista acudió a uno de mis seminarios y me preguntó si podría escribir un artículo sobre mí. El texto fue publicado en abril de 1995. ¡La reacción fue fenomenal! Pero pasó algún tiempo antes de que volviera a mirar mi fotografía en la revista. ¡Yo estaba sentada ante la mesa de la cocina y tenía ante mí... un jarrón repleto de narcisos! Tales sueños fueron breves, concretos, vivos de color y por completo memorables. Signo seguro de que procedían de mis ángeles.

He sido muy afortunada en las dos últimas ocasiones en que adquirí una casa, ambas a instigación de mis ángeles. Una mañana de enero de 1990 decidí al despertar que quería vender mi residencia de Dublín, al sur del río. Soltera y sin hijos, me hallaba en una situación en la que no tenía que pensar en nadie más a la hora de adoptar tal decisión. ¡Ignoraba adónde quería mudarme, tan solo deseaba vender mi casa! Dediqué semanas a la búsqueda e incluso pagué una señal por una residencia situada a cosa de kilómetro y medio, pero aquello no cuajó. Un día, tras solicitar de mis ángeles que me ayudaran a encontrar mi nueva residencia, crucé el río en mi coche y me detuve en un arrabal del distrito del norte (apenas conocía la zona porque, al igual que mis amistades, siempre había trabajado y vivido en la parte meridional). Sin saber muy bien por qué había acabado en tal lugar, salí del coche y descubrí que junto al aparcamiento se hallaba una agencia inmobiliaria. En el escaparate vi anunciada una residencia que inmediatamente atrajo mi atención. Entré en la agencia y descubrí que el empleado se refería a esa casa ante unos posibles compradores. ¡Pues fui yo quien la adquirió! Constituyó una decisión acertada; me permitió el acceso a todo género de centros sanitarios y a establecimientos de cualquier tipo que de otro modo quizá nunca habría encontrado de haber seguido viviendo en mi casa anterior.

Pasó otra década y supe de nuevo que había llegado el momento de abandonar mi residencia del distrito septentrional (siendo simultáneamente astróloga y numeróloga, suelo determinar estos puntos de antemano). Esta vez me hallaba segura de que quería salir de Dublín pero apenas sabía en dónde instalarme. Como no estoy sometida a una jornada regular de trabajo, tuve la suerte de poder recorrer toda Irlanda hasta averiguar en dónde preferiría residir. La única limitación que me impuse fue que el lugar estuviera a menos de 150 kilómetros de Dublín para conseguir desplazarme fácilmente a la capital cuando mis ocupaciones lo exigieran. Como es natural, pedí a los ángeles que me acompañaran en esos viajes y, tras haber inspeccionado residencias del sureste y del sur, un día decidí ir al nordeste y conocer una casa que estaba en venta. Así lo hice, me desagradó el inmueble en cuanto lo vi, pero seguí hacia el norte y luego, por obra de un súbito impulso, doblé hacia el oeste. Regresaba ya a Dublín cuando encontré la pequeña población de Virginia, que se halla en el distrito de los lagos. Experimenté entonces el deseo irreprimible de tomar un café. ¡Descendí del coche y descubrí que me encontraba ante una agencia inmobiliaria! Tras resolver que aquella circunstancia representaba algo más que una pura coincidencia y que probablemente se debía a la intervención de los ángeles, penetré en la agencia y solicité la lista de casas en venta. Compré la primera de la relación y es ahora la que poseo. ¡Otra pequeña experiencia de magia angélica!

Propicia la magia angélica en tu vida

Posiblemente estás pensando ahora que ese tipo de acontecimientos que acabo de mencionar solo pueden sobrevenir a alguien como yo, pero no sucede así. Ten en cuenta que los ángeles desean ser amigos íntimos nuestros, no seres formales y distantes lejos de nuestro alcance. Trátalos, pues, en términos amistosos. Invita a tu ángel a acompañarte, sea cual fuere lo que hagas, del mismo modo que procederías con un amigo. Ábrete a él. Practica la sinceridad cada día y acostúmbrate a observar en torno de ti y a reparar en los detalles, como el aroma del ambiente. Siendo los ángeles «seres de luz», constituye una buena idea encender en tu casa una vela en honor del tuyo como decisión consciente de invitarlo a que se halle contigo. Luego, cada vez que la mires, la llama de la vela te recordará que nunca estás solo. Y si conduces un coche, despeja el asiento inmediato o el posterior para dejar sitio a tu compañero angélico.

Los ángeles son capaces de ayudarnos en cada área de nuestra vida, tanto si se trata de relacionarnos con personas de autoridad como cuando tratamos a familiares, amantes, amigos o extraños. Como dijo el papa Pío XI: «Siempre que tengamos que hablar con alguien muy afectado por nuestra argumentación y con quien, por eso, haya de ser persuasiva la conversación, recurrimos a nuestro ángel guardián». Pero este no ejecutará todo el trabajo necesario para arreglar las cosas, sino que nos proporcionará la guía precisa al objeto de que las hagamos nosotros mismos. ¡En eso consiste toda la magia angélica!

Me divirtió y complació ver que dos películas recientes, *La mujer del predicador* y *City of Angels*, contenían dos puntualizaciones muy tajantes. ¡La primera es la de que los ángeles están aquí para brindarnos orientación, y la segunda es que no pueden obligarnos a adoptarla! ¡Todos contamos al menos con un ángel, pero también disponemos de libre albedrío y este último puede revelarse en ocasiones un arma de doble filo!

Alguien me preguntó recientemente:

—¿Cómo logras, Margaret, que la gente crea en los ángeles?

Repliqué inmediatamente:

—No lo consigo.

Y es verdad. No es mi tarea tratar de convencerte de la existencia de los ángeles; eso corresponde a ellos. Mi misión estriba en ayudarte a establecer contacto con ellos y atraer así su magia hacia tu vida. Algunas personas ofrecen sus servicios para que te comuniques con tu ángel y transmitir sus mensajes. Creo que eres tú quien debe establecer esa comunicación. No es ningún secreto ponerse en contacto con los ángeles. Todo lo que necesitas es abrirte, impetrar ayuda y seguir los consejos de tu ángel. Así será cómo atraigas a tu vida la magia angélica.

En las próximas páginas encontrarás muchos rituales y ejercicios que puedes practicar y que contribuirán al establecimiento de tu contacto cotidiano. Pero por ahora, estos son los secretos para llegar a mantener una relación con los ángeles.

Resulta fácil atraer la magia angélica a tu vida. Todo lo que necesitas es abrirte, impetrar ayuda y seguir los consejos de tu ángel.

Establecer contacto con tus ángeles

1. Abre tus ojos, tus oídos y tu corazón con el fin de recibir los mensajes concebidos para llegar hasta ti por cualquier medio, por ejemplo a través de un amigo, de un desconocido o por algo que «suceda» cuando enciendes la radio o la televisión y oyes a alguien dar la respuesta que estás buscando.

2. Acepta el hecho de que tu ángel se encuentra contigo en este momento. Cierra los ojos y pídele que te manifieste alguna forma de prueba de que está ahora a tu lado. Podría tratarse de un sentimiento cálido, de un cambio en la energía que te envuelva, de un cierto «saber» que nunca te hallarás solo a partir de este momento.

3. Reza la siguiente «plegaria»:

Ángeles del amor, seres de la luz,
os imploro que me iluminéis aquí y ahora.
Ayudadme a aportar magia a mi vida
para que pueda compartirla con otros.
Ayudadme a colmar de amor mi corazón
para que pueda compartirlo con otros.
Llenad mi corazón de luz y de amor mientras ahora os hablo.

4. Acostúmbrate a reservar unos momentos de cada día para tu ángel y para ti. Siempre que aguardes en una fila o te haya detenido un embotellamiento del tráfico, dedica esos preciados instantes a la comunicación entre los dos.

Disfruta de tu perfeccionada calidad de vida ahora que sabes que tu ángel está contigo.

Capítulo 3

Contacto diario con los ángeles

Cómo llegar a relacionarte con tus ángeles

¡Es a menudo difícil recordar que los ángeles se hallan siempre con nosotros, sobre todo si pasas el día tratando de acometer cien tareas diferentes e intentas que todo el mundo se sienta satisfecho! Créeme, si cada mañana te concedes unos pocos minutos, preferiblemente antes de saltar de la cama, para relacionarte con tus ángeles y solicitar su orientación en el día que te aguarda, conseguirás librarte de muchas presiones innecesarias y te sentirás mucho más feliz cuando por la noche retornes al lecho. ¿Cómo, pues, obtener la ayuda que precisas?

«El silencio es el lenguaje de los ángeles», según se dice; esfuérzate por tanto en encontrar un lugar silencioso cuando pretendas relacionarte con tu ángel. Siempre es una buena idea encender una vela, acto que constituye simplemente una decisión consciente de aportar la luz a tu vida. ¡Después de todo, los ángeles son «seres de luz»! Contemplar la llama de una vela durante unos breves momentos resulta también un modo muy simple y directo de retornar al «centro» de tu ser o, como señalan otros, «al ahora», y te ayudará a dejar tras de ti todas las inquietudes e irritaciones.

El siguiente acto de meditación te mostrará la manera de conectar con tu ángel. Aunque no practiques habitualmente alguna forma de meditación, este es un ejercicio fácilmente realizable. La razón de la meditación, o de hacer lo que yo denomino «ejercicio de visualización», estriba en ayudarte a volver a establecer contacto con tu «auténtico yo» que representa tu meollo espiritual. Cuando así procedas, descubrirás que resulta muy fácil crear un contacto con tu ángel, quien, al fin y al cabo, es un ser del mundo espiritual.

Conviene tomar en consideración que somos aproximadamente un 95 % de espíritu envuelto en un cuerpo físico por el que nos mantenemos afirmados en la Tierra; debe ser, pues, fácil entrar en relación con ese 95 %. Pero con frecuencia nuestro ego, que es parte de nuestro restante aspecto «humano», tal vez se rebele si advierte que pierde la atención. Quizá se comporte como un pequeño, estalle en una rabieta y cause problemas hasta que consiga que reparemos en su existencia. De ser así, trátalo como a un niño de corta edad y dominado por el miedo. Háblale, consuélalo y muéstrate amable. ¡No desaparecerá si lo combates o ignoras! Al abordarlo con cariño, perderá ese temor que había desencadenado su violenta reacción. Cuando descubro que «mi mente» se incomoda en el momento en que pretendo meditar, me limito a decirle: «Aguárdame unos minutos y regresaré pronto». ¡Justo como si se tratase de aplacar la rabia de un niño! Con un poco de práctica, será fácil acometer el acto de meditar o de disfrutar de una «visualización guiada».

Es posible que en el siguiente ejercicio llegues a conocer el nombre de tu ángel. Personalmente, no creo que los ángeles posean nombres en el sentido que damos a ese término, porque no los necesitan. Comprendo, sin embargo, la importancia que reviste para nosotros tener una denominación a la que aferrarnos a veces, hacer más «normal» para nosotros la presencia de un ángel; es más fácil comunicarse con alguien cuando contamos con un nombre mediante el que identificarle. Claro está que los antiguos expertos en la materia necesitaban utilizar nombres al objeto de incluir a los ángeles en sus clasificaciones jerárquicas. Quizá obraban bien, pero para mí todos somos iguales a los ojos de Dios, y eso reza también con nuestros ángeles. Tras haber dicho esto, he de añadir que conozco los nombres de mis ángeles y que te será muy sencillo encontrar los de los tuyos. No te preocupes, empero, si durante el siguiente ejercicio no consigues el nombre de tu ángel. Al cabo de unos cuantos días emergerá un apelativo que retendrás en tu mente o repetirás. Esa circunstancia forma parte de la sincronización angélica de los acontecimientos para que «consigas el mensaje».

En mi propio caso, aunque soy muy consciente de la presencia específica de un ángel en mi existencia, solo hace muy poco y mientras leía un libro de un autor estadounidense llegué a preguntarme realmente por su nombre. ¡Hasta entonces, operando estrechamente con mi ángel, jamás se me había ocurrido averiguarlo! Me hallaba sentada en mi despacho ante mi ordenador (¡no es el lugar que habitualmente recomendaría!) y cerré los ojos mientras solicitaba su nombre. ¡A mis oídos llegó una palabra que se me antojó «Laura» e inmediatamente respondí con el pensamiento de que ese es el nombre de mi sobrina y que tenía que haberlo imaginado! Pero con los ojos todavía cerrados, contemplé a través del «ojo de la mente» un jardín. Allí estaba mi ángel, tendiendo sobre una cuerda de la colada unos paños de felpa en los que sucesivamente aparecían las letras L-O-R-I-E-L. Considero que Loriel es mi Ángel de la Guarda, aunque dispongo de otros que me ayudan en diversos sectores de mi vida como la economía, la tecnología, la pintura, la jardinería, etcétera. Si bien los ángeles carecen de sexo, siempre pienso en Loriel como una energía femenina. Es posible que se te presente el nombre de tu ángel en un lugar extraordinario, pero lo más probable será que lo recibas si meditas como señalo a continuación.

Ejercicio de visualización: Meditación con tu ángel

Resulta esencial que te encuentres cómodamente sentado mejor que tendido (¡porque echado puedes quedarte dormido!) y que te sientas tan relajado cuanto sea posible. ¡Asegúrate de no padecer interrupciones, así que descuelga el teléfono y apaga tu móvil! Quizá desees escuchar alguna música de fondo. Si quieres, graba el siguiente ejercicio con tu propia voz en un magnetófono (en tal caso, trata de ajustarlo para que la grabación se prolongue durante 15-20 minutos). Si lo prefieres, cambia el «tú» por el «yo».

Comienza siempre los ejercicios de visualización de este libro estableciendo contacto con la Tierra. Consiste simplemente en imaginarte con raicillas o pequeños imanes que brotan de las plantas de tus pies y te unen al terreno que hay debajo. Eso te mantendrá afirmado durante todo el ejercicio.

Una vez que hayas dado ese paso, limítate a cerrar los ojos y respira hondamente durante unos pocos momentos. Trata de imaginar que durante la respiración inhalas una luz dorada que penetra hasta tus pulmones. El dorado es el color del oro y de los ángeles.

En tanto que respiras la luz dorada, puedes ver que se extiende por todo tu cuerpo como si se desplazara a través de los vasos sanguíneos. Penetra en tus pies, en torno de los dedos, y se remonta por los tobillos. Sube por las piernas hasta alcanzar las rodillas. La luz dorada alcanza luego tus muslos y colma tus caderas, contribuyendo a que te afirmes y rompas con el pasado. Llena la parte inferior de tu tronco, con el fin de que liberes aquello de que necesitas desembarazarte. Después asciende por tu pecho hasta el corazón y los pulmones. Mientras la luz dorada se desplaza en torno de tu cuerpo, exhalas temores, posturas negativas y antiguas pautas de tu comportamiento. Al tocar tus hombros, te libera de cualquier carga que portes. Y ahora desciende por tu columna vertebral hasta su base para fortalecer y curar cualquier aspecto de tu vida en donde requieras apoyo. Fortifica y consolida tu sistema de soporte. Y se difunde por los hombros hasta los brazos y las manos. Cuando penetra en estas, te ayuda a obtener un equilibrio perfecto entre el dar y el recibir. Luego colma tu cuello y tu garganta, alcanza tu cabeza, bajo el cuero cabelludo y la piel restante, te descarga de temores y renueva tu vigor interior. Ahora sabes que te hallas rebosante de luz y que por eso te será más fácil establecer contacto con tu ángel. ¡Disfruta de saber que estás lleno de luz dorada!

Lleva entonces tu mano izquierda abierta hasta el corazón. Permite que irrumpan en tu mente cualesquiera pensamientos extraños y que luego la abandonen. Cuando creas haber alcanzado el silencio, plantea simple y mentalmente esta pregunta: «¿Cuál es tu nombre, Ángel?». El primero que se te ocurra es el que corresponde a tu ángel.

Con la mano todavía en el corazón, inquiere: «¿Hay algo que necesite saber ahora mismo?», y aguarda la respuesta. Tal vez sobrevenga bajo la forma de un mensaje oral o puede que se trate de una sensación precisa que experimentes. Sea como fuere, lo que adviene es un mensaje que te está destinado en este instante.

Cuando consideres que es el momento, respira hondo, y mientras exhalas ten una vez más conciencia de los dedos de tus manos y de tus pies. Vuelve a respirar a fondo y al expulsar el aire sentirás todo tu cuerpo desde lo alto de la cabeza hasta las puntas de tus pies. Inspira y exhala de nuevo profundamente; ha llegado la ocasión de que abras los ojos y de que retornes a este lugar, sintiéndote descansado, relajado y mejor que antes.

¿Recibiste un nombre? Anótalo de inmediato. En los días y semanas siguientes llama a tu ángel con ese apelativo y advierte qué cerca lo percibes. Tal vez hayas captado un nombre simple y cotidiano. Si así fuera, no te decepciones. ¡Obtuviste ese apelativo porque tu ángel desea mantener contacto contigo de un modo simple y cotidiano! Cuando el nombre se te antoje completamente inaceptable, repite el ejercicio y pregunta de nuevo. Y no olvides que es posible contar con más de un ángel; si obtienes dos o tres nombres, eso significará que hay otros tantos ángeles al cuidado de ti.

Anota cualquier mensaje que hayas recibido, cerciorándote de emplear las mismas palabras que oíste. Uno de los primeros mensajes que obtuve fue: «Hay una buena razón para que te ames». Si lo hubiera confiado tan solo a la memoria, posiblemente habría escrito después «Ámate a ti misma» o «Te queremos», mensajes diferentes del que recibí. Cuando durante las semanas y los meses que siguieron pensé en aquellas palabras, y recuerdo que por entonces pasaba por muy malos momentos, aquel mensaje me indujo a preguntarme «¿Qué razón tengo para pretender amarme a mí misma?». No era capaz de imaginar nada, pero supe que si mis ángeles juzgaban que existía una buena razón para amarme a mí misma deberían acertar. Y así me sobrevino la respuesta de que los problemas emanaban de no amarme, de tratar de ser otra persona con el fin de obtener la aprobación de los demás. Cuando por fin «capté el mensaje» de que tenía que haber hecho algo bien en mi vida, ya que así hablaban los ángeles, comencé a cambiar poco a poco (¡muy lentamente!) de opinión acerca de mí misma.

El mantenimiento del contacto con tus ángeles es simple. Ser consciente de su presencia en tu vida cotidiana y disfrutar así de su magia requiere tan solo un pequeño esfuerzo de tu parte. Tus ángeles se encuentran a tu lado en todo momento, pero no pueden obligarte a tener conciencia de que están allí ni forzarte a atender a su orientación. Actuar de consuno con tu ángel para aportar la magia a tu existencia es un proceso de colaboración. No exige un gran trabajo, basta tan solo con la disposición a abrirte. He aquí algunos rituales que te ayudarán a alcanzar el contacto con tus ángeles y a llevar su magia a tu vida cotidiana.

El mantenimiento del contacto con tus ángeles es simple. Ser consciente de su presencia en tu vida cotidiana y disfrutar así de su magia requiere tan solo un pequeño esfuerzo de tu parte.

Rituales para relacionarte con tus ángeles

Siempre que estés disfrutando de un ritual angélico, trata de asegurarte de que no te interrumpan personas, teléfonos o ruidos exteriores. Dedica un tiempo especial para ti cada día o cada semana y no permitas que exigencias ajenas invadan ese espacio específico. Si lo deseas, cabe recurrir a alguna música que no resulte demasiado apremiante. Pero también puedes callar, reír o cantar cuando así lo prefieras. Es posible compartir algunos de los rituales de este libro con compañeros afines o con tus hijos. Lo principal es concentrarte en lo que haces con amor y alegría.

Un ritual cotidiano

Una manera simple de garantizarte la recepción de la ayuda angélica en cada día de tu existencia consiste en manifestar estos términos antes incluso de haber saltado de la cama. Pronúncialas en voz alta siempre que sea posible, recordando la magia de la palabra oral.

«El Ángel del Amor Divino llega ante mí y me prepara el camino.»

Cuando reflexiones sobre esta declaración, advertirás que estás solicitando que el ángel se te anticipe a lo largo de todo el día y que disponga tu progreso en esa jornada. ¡Como siempre, tu ángel se encuentra allí para ayudarte, no con el fin de realizar el trabajo que a ti te corresponde! En consecuencia, tu vía quedará preparada, pero no despejada de lo que consideraríamos «obstáculos». Por el contrario, el camino se hallará dispuesto para que aprendas tanto como sea posible de cada experiencia con la que te topes. Y recuerda, tu ángel te acompaña; no estás, pues, solo. Esta breve manifestación me parece muy útil a la hora de enfrentarnos con algunas situaciones difíciles, tanto si se trata de llamar al apoderado de un banco para solicitar un préstamo como de socorrer a quien lo necesite desesperadamente. ¡Sea cual fuere aquello con lo que te enfrentes, preparándote el camino el Ángel del Amor Divino, tu éxito es seguro!

Los dos rituales siguientes son ejercicios creativos que cabe realizar a solas o con compañeros afines. Resultan por añadidura atrayentes, así que puedes invitar a tus hijos a que participen en el acontecimiento.

Un ritual para concentrarte en lo que deseas de la vida

Como ya indiqué antes, la palabra escrita o pronunciada retiene un gran poder y el ejercicio siguiente contribuirá a que te concentres en lo que verdaderamente buscas en tu existencia. ¡Recuerda la fuerza que posee y no solicites, por tanto, nada que no puedes o no quieres abordar!

Creación de un Círculo Mágico

Para realizar este Mandala (que significa «círculo mágico») todo lo que necesitas es una sencilla hoja de papel (aproximadamente de tamaño folio) y rotuladores, tizas o pinturas. No te preocupes, no hace falta ser un artista para acometer esta tarea, aunque si te sientes por completo incompetente, siempre puedes solicitar la ayuda del arcángel Gabriel, que se encarga de la creatividad. Me agrada que las relaciones con mis ángeles carezcan de todo formalismo; al fin y al cabo se trata de mis amigos. Por eso, yo diría: *Te ruego, ángel Gabriel, que guíes mi mano cuando intente expresarme.* ¡Tal vez te sorprenda el resultado!

He aquí cómo trazar el círculo mágico. Dibuja una circunferencia grande que ocupe toda la hoja y divídela en cuatro secciones iguales: la sección superior del círculo es el norte; la sección de abajo es el sur, la occidental está a la izquierda y la oriental a la derecha. El norte constituye el símbolo de las necesidades espirituales; el sur, el de las necesidades físicas; el oeste, el de las necesidades intuitivas, emocionales y creativas, y el este representa el símbolo de la actitud mental, del aprendizaje y de la filosofía.

Traza ahora en cada uno de los cuatro sectores algunos símbolos de lo que deseas aportar a tu existencia con la magia angélica. Puede tratarse de cualquier cosa, desde lo físico a lo efímero: amor, armonía, compañía y compatibilidad sexual figurarán en la sección occidental, mientras que el dinero y la abundancia corresponderán a la meridional y la paciencia, el aprendizaje fácil, la intuición y el conocimiento irán a la sección oriental... la lista es inacabable. En vez de escribir palabras, dibuja símbolos, como libros para el aprendizaje, gatos para la destreza física, glifos que aludan a Venus y a Marte por lo que se refiere a la compatibilidad sexual, ángeles para la orientación espiritual, lingotes de oro para la riqueza, etc. Te corresponde decidir lo que deseas, así que confía en ti mismo. Yo pondría cosas como una vela encendida (para la iluminación) y libros en el este en referencia al aprendizaje; un corazón, flores, anillos y dos figuritas en el oeste para conseguir apoyo emocional, etc. Lo principal estriba en no mostrarse demasiado formalista. Logra que tus dibujos resulten divertidos y alegres, deja que vague tu mente mientras llega al primer plano tu instinto creativo. ¡Disfruta sobre todo con el ritual! ¡Y recuerda: ahora que te has comprometido a tener esas cosas en tu vida, aparecerán «como por arte de magia», aunque no necesariamente de la mañana a la noche!

Firma ahora el Mandala, féchalo y puedes guardarlo en algún lugar secreto o colgarlo de la pared para recordar cómo van las cosas mágicas en camino hacia tu vida.

Un ritual para la inspiración angélica

A lo largo de los años he recibido muchos mensajes de mis propios ángeles y conservado lo que me dijeron. Por lo general, los mensajes me llegaban en mitad de la noche, cuando me hallaba profundamente dormida. Me despertaba para escribirlos y después volvía a dormirme. (A propósito, en torno a las cuatro de la madrugada surge el periodo más psíquico de tu sueño. Si en ocasiones empiezas a despertarte hacia esa hora, no te inquietes. Se trata simplemente de un mensaje que te dice que los ángeles se mantienen en contacto contigo. Ten a mano un bloc y un lápiz para que puedas anotar cualquier mensaje que recibas, por extraño que se te antoje en ese instante.) En ocasiones las palabras constituían una respuesta directa a una indagación en mi mente, mientras que otras veces recibía la «respuesta» incluso antes de haber formulado la pregunta. Esa circunstancia demuestra una vez más que los ángeles residen en el espacio mágico del «tiempo angélico»; sabían exactamente lo que me reservaba el destino, aunque yo fuese muy lenta en captar tal perspectiva.

Cuando me dijeron que diera un curso titulado «Hablar con los ángeles», a través del cual inicié mi misión en 1994, carecía de indicio alguno sobre el modo de acometer semejante tarea, y menos todavía acerca de desarrollarla. Tuve desde luego el sentido de solicitar consejo y fui «angélicamente inspirada» para utilizar los mensajes que había recibido a lo largo de los años precedentes. Más tarde imprimí los mensajes y los convertí en «Tarjetas de Inspiración Angélica». Siempre que me siento perdida o insegura respecto de lo que hago, barajo simplemente las tarjetas y escojo una «inspiración». Es sorprendente qué precisa puede ser la respuesta.

Eres capaz de aportar magia angélica a tu vida realizando algo similar. Para empezar, tal vez prefieras emplear algunos de los mensajes que he reunido a través de los años (mira en las páginas 70-72), pero cuando te aproximes y te abras más a la orientación de tu ángel, es asimismo factible anotar los mensajes que recibas y transformarlos en tus propias Tarjetas de Inspiración.

Realización de las Tarjetas de Inspiración Angélica

Según he mencionado antes, la palabra francesa «espeler» significa «leer en voz alta» y llegó al inglés como «spell» («mencionar las letras de un vocablo»). Ahora, desde luego, es empleada tanto en la acepción de usar las letras para formar una palabra y en la de método de crear magia. Ya se indicó previamente que los vocablos poseen su propio poder. Somos lo que decimos ser, somos lo que creemos ser. Piensa, pues, con cuidado acerca de cada palabra que escribas y cuando la pronuncies en alta voz.

Haz de la creación de tus Tarjetas de Inspiración Angélica un ritual especial. Si lo deseas, invita a alguien que signifique mucho para ti o limítate a solicitar de tu ángel que permanezca a tu lado. Si tienes hijos, tal vez puedas animarlos a que elaboren sus propias tarjetas o a que te ayuden.

Todo lo que precisarás para realizar tus Tarjetas de Inspiración Angélica será una cartulina o un papel de mucho gramaje (blanco o de otro tono, la elección es tuya), tijeras o un abrecartas, un medio de escribir (por ejemplo, un conjunto de rotuladores de diversos colores) y quizá algo de purpurina y de cola para que resulten especialmente «angélicas». Corta el material hasta conseguir unas tarjetas manejables del mismo tamaño y escribe los mensajes que hayas elegido. Muéstrate tan creativo como sea posible, quizá incluso utilizando tinta dorada; no olvides que ese color es el símbolo de los ángeles. (Aunque esté a tu alcance comprar tarjetas ya hechas y mecanografiar los textos, el auténtico ritual del recorte y la escritura proporcionará un poder adicional a las tuyas.)

He aquí algunos ejemplos de mis propias Tarjetas de Inspiración Angélica.

Tú, solo, bastas.

No murmures tu nombre, lo conocemos muy bien.

Halla tu fuerza en el amor.

La confianza procede de dentro.
Lo único que necesitas es confiar en ti mismo.

En el seno de cada uno de nuestros espíritus están nuestro
Ser y muchos ángeles.

No nos busques, ya te hemos encontrado.

Los ángeles hablan a quienes dejan en silencio
sus mentes el tiempo suficiente para conseguir escuchar.

Abre tu corazón al sonido del silencio y oirás
las maravillas de todo cuanto existe.

Abre tu corazón al amor angélico.

Solo te interesa saber que eres amado.

Dios no nos pide que seamos perfectos,
Dios solo nos pide que nos hallemos presentes.

Los ángeles toman nota de todo lo que hacemos.
(Los ángeles han apuntado tus buenas obras.)

No tengas miedo.

¡Pon atención, hay un ángel alrededor!

Nacemos para caminar con los ángeles,
pero en cambio buscamos joyas en el fango.

Los ángeles conocen tus rasgos buenos y malos
y todavía te quieren.

¡Nunca estás solo, cuentas con un ángel!

Ámate a ti mismo, vive el momento.

Eres el Portador de la Luz.
(Comparte tu saber creciente e ilumina a otros.)

Escucha, es la voz de tu ángel.

¡Celebra este día! (Preocúpate tan solo del hoy.)

El silencio es el lenguaje de los ángeles.

Quienes caminan junto a los ángeles aprenden a remontarse sobre las nubes.

Presta oído a tu ángel y escucha su voz.

Ten paciencia. Todo te será revelado en el Tiempo Angélico.

¡Prepárate para un milagro!

Tu voz es mi voz. (Habla en nombre de tu ángel.)

Existe una buena razón para amarte a ti mismo.

¡Observa las maravillas que te rodean!

Algunos otros mensajes que tal vez recibas si deseas una respuesta simple son:

Sí

No

Aguarda

Cuando cuentes con estas Tarjetas de Inspiración, quizá te agrade conservarlas en una caja o bolsita al efecto que parezca particularmente adecuada. O incluso quieras elaborar tú mismo un receptáculo pertinente. ¡Recuerda que encierran magia, así que trátalas con respeto! Comienza el día con un mensaje y escoge uno siempre que requieras una ayuda específica. Antes de barajar el conjunto y tomar una tarjeta, guarda un momento de silencio, pide a tu ángel que te ayude a tomar la respuesta precisa y luego elígela sin examinar antes el contenido. ¡Confía en tu instinto! Te sorprenderá el acierto y el respaldo de esos mensajes cuando los utilices para que te ayuden en el futuro. El empleo cotidiano de estas tarjetas es un medio sencillo y placentero de que tomes en consideración, y sobre todo que recuerdes a los niños, qué fácil es mantenerse en contacto con los ángeles.

Capítulo 4

Los ángeles de la Naturaleza

«SOLO a través de la comunión con los Ángeles del Padre Celestial aprenderemos a ver lo invisible, a oír lo inaudible y a pronunciar la palabra inexpresada», explicó Jesús de Nazaret según el Evangelio de los Esenios. Llegó a decir que deberíamos comunicarnos con doce ángeles al objeto de «obrar como obran los ángeles». Estos son los del Sol, el Agua, la Tierra, la Vida, la Alegría, el Poder, el Amor, la Sabiduría, la Vida Eterna, el Trabajo y la Paz.

No es extraño que Jesús declare que todos los elementos de nuestro planeta y de nuestras vidas cuentan con un ángel para su cuidado. Como se dice en el Talmud, el cuerpo de la legislación y de las leyendas hebras cuya antigüedad se remonta a miles de años: «Cada brizna de hierba tiene su propio ángel que se inclina a su lado y murmura "¡Crece! ¡Crece!"». Cuanto mejor entendamos que nosotros, e incluso cada brizna de hierba, somos parte de un mosaico que constituye toda nuestra existencia, más fácilmente podremos prescindir de la necesidad de un control y abrirnos a la orientación angélica. De este modo no solamente habrá más salud en nuestras vidas, sino también en nuestro planeta.

Solo en años relativamente recientes hemos supuesto al parecer que constituimos la única creación en la Tierra bendecida con los ángeles y cualquier otra ayuda del reino de la Naturaleza. Algunas personas tienden a tratar a animales, insectos y plantas como algo que cabe explotar en vez de honrar. Pero cuando más respeto manifestemos hacia nuestro planeta, más sanos y equilibrados nos tornaremos todos. Hay quienes piensan que el Cuarto Mandamiento «Honrar a tu padre y a tu madre» significaba originariamente «Honrar a tu Padre el Cielo (y a todo lo que procede de los cielos como los ángeles) y a tu Madre la Tierra». Los antiguos paganos, cuyas tradiciones y cultura fueron desdeñadas durante muchos años, parecían comprender mejor que nuestras generaciones la necesidad de un equilibrio en todo cuanto hacían. Alzaban la vista al cielo para obtener orientación de las estrellas y de las posiciones del Sol y de la Luna y honraban el suelo con rituales regulares. La palabra «paganos» significa «de la tierra», y ellos, siendo una comunidad pastoral, reconocían la importancia de mantener una armonía entre la Naturaleza y la Humanidad. Nos han transmitido numerosos rituales basados en su sistema de creencias, pero la mayoría de las personas siguen sus pasos sin entender por qué.

Algunos rituales antiguos

Cada año, al acercarse la Navidad (que es desde luego la época del Solsticio de Invierno en el hemisferio septentrional), llevamos a nuestros hogares ramitas de acebo y de hiedra y un árbol. ¿Por qué causa? La inveterada razón es la de que así los espíritus de la Naturaleza penetrarán en nuestras residencias junto con ese verdor para protegerlas del frío y de las heladas invernales. En razón de tal defensa contra los elementos, se consideraba que los seres del reino dévico (los ángeles que cuidan de la Tierra y de todo lo que aquí crece) retornarían luego al aire libre en la primavera para cuidar de nuestros huertos y de las próximas cosechas. Sigue siendo innata en nosotros la observancia de este y de otros rituales y, sin embargo, muchos ponen en tela de juicio el motivo.

Incluso la fiesta cristiana de la Pascua, que se halla simbolizada por los huevos y los conejitos, tuvo su origen en festividades paganas. El término inglés «Easter» (Pascua) procede de «Eostre», una antigua fiesta anglosajona en honor de la Diosa de la Primavera que llevaba también el mismo nombre y constituía asimismo la deidad de la fertilidad. La fecha escogida era la de la primera luna llena tras el Equinoccio de Primavera. La Iglesia cristiana, que solió desarrollar sus festividades peculiares en torno de los antiguos ritos, decidió celebrar el propio «renacer» de su cabeza en el mismo tiempo. Cada año la fiesta cristiana de Pascua se celebra en el primer domingo tras la primera luna llena después del Equinoccio de Primavera, y cuando los misioneros cristianos llevaron sus creencias al hemisferio meridional, la Pascua siguió automáticamente a la primera luna llena tras el Equinoccio de Otoño en aquellas tierras. La diosa Eostre se hallaba simbolizada por la liebre y el huevo, y es sorprendente advertir que todavía mantenemos esas viejas tradiciones. ¡Así, sabrás el Domingo de Pascua, cuando rompas el huevo de chocolate, de dónde procede semejante práctica!

No es preciso sentir miedo de los rituales «paganos»; se trata simplemente de ritos relacionados con nuestra herencia pastoral. ¡Y nuestros antepasados sabían más que nosotros acerca del «significado de la vida»!

Cualquiera que obre en armonía con la Madre Tierra comprenderá, pues, que no está solo en su tarea. Los que denominamos «dedos verdes», los hábiles en el cultivo, constituyen en realidad un regalo de la Naturaleza. Como honran a la tierra y se esfuerzan por no explotarla, se benefician de la abundancia consiguiente no solo de flores, plantas o cosechas, sino también del don del canto de las aves y de la diseminación de las semillas, la aportación de las abejas a la polinización y el incremento de la belleza, la paz y la serenidad en el entorno.

Yo no puedo cambiar el planeta de la mañana a la noche ni tampoco está a tu alcance ese empeño. Pero cada uno de nosotros es capaz de transformar y curar nuestro propio y pequeño pedazo de terreno, lo mismo si se trata de unos tiestos en una ventana que de cuatro hectáreas de pastos, y podemos lograrlo con la ayuda de nuestros ángeles. La fuerza de la ayuda dévica, cuando opera no en contra sino a favor del reino natural, queda puesta de relieve en la siguiente historia.

Pero cada uno de nosotros es capaz de transformar y curar nuestro propio y pequeño pedazo de terreno, lo mismo si se trata de unos tiestos en una ventana que de cuatro hectáreas de pastos, y podemos lograrlo con la ayuda de nuestros ángeles.

El jardín milagroso

En 1962 un pequeño grupo de personas estableció una comunidad en Findhorn Bay, Moray, Escocia. Allí se dispusieron a vivir precariamente en las dunas de la costa y al año siguiente un miembro del grupo, Peter Caddy, sembró las primeras semillas en lo que se convertiría en el espléndido Huerto de Findhorn, un experimento de la colaboración entre el hombre, los devas y los espíritus de la Naturaleza. Pese al hecho de que las coníferas de las dunas próximas habían requerido cincuenta años para arraigar lo suficiente hasta que la hierba creciera alrededor y a que allí solo pareciesen prosperar tojos y retamas, Peter Caddy y su amplia familia lograron en los pocos años siguientes cultivar una gran variedad de plantas y hierbas comestibles. Empezaron con rábanos y lechugas y durante la primera temporada cultivaron

65 especies vegetales diferentes, 21 tipos distintos de frutos y 42 hierbas diversas. Con el paso del tiempo llegaron a plantar incluso árboles y setos.

¿Cómo obtuvieron tal mágica abundancia? Gracias a escuchar y a seguir los consejos que recibieron del reino de los ángeles. ¿Una tontería más de la Nueva Era? Ni mucho menos; su extraordinario logro ha sido reconocido por muchos científicos especializados en diversos campos de la horticultura. Peter Caddy cree que los devas constituyen los seres angélicos que supervisan el desarrollo de todas las especies del reino vegetal, así como el viento, el color, el sonido, etc., mientras que son los espíritus de la Naturaleza quienes realmente acometen el trabajo de asegurar que la savia ascienda, etc. Se trata, pues, de un esfuerzo cooperador entre el hombre que siembra, los devas que controlan el entorno general en beneficio del crecimiento y los espíritus de la Naturaleza que realizan la «tarea». ¡Y desde luego le ha aportado la magia!

El baronet sir George Trevelyan, miembro de la Soil Association y postulador de la colaboración con el reino dévico, considera que existen cuatro sencillos métodos de invocar la ayuda de los devas con el fin de que podamos disfrutar de todos los frutos de un mundo natural más sano y abundante:

1. Reconocer que los devas existen y brindarles nuestro amor y agradecimiento.
2. Invocar su ayuda a través de un contacto mental íntimo, advirtiendo su presencia y comunicándonos con ellos, tanto a través del silencio como de palabras expresadas en voz alta.
3. Escuchar con una atención cuidadosa. No esperes necesariamente oír una respuesta, pero déjate guiar por lo que se antoje oportuno. ¡Toma nota de lo que no funciona y por consiguiente no repitas tu error!
4. Da las gracias con todo el amor de tu corazón.

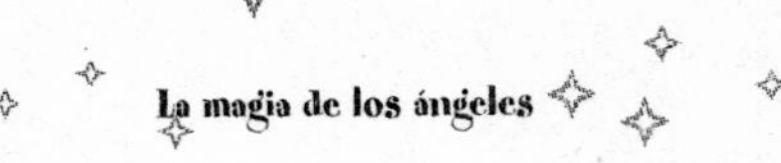

Vivir en armonía con la Tierra

Siempre me interesaron los temas ecológicos. Hace unos cuanto años acudí a un canalizador de la guía espiritual y le pregunté si existía algún medio de contribuir a la curación de lugares como Chernobyl, en Bielorrusia, tan devastado por la explosión de un tanque de combustible nuclear en la segunda mitad de los años ochenta del siglo XX. Me dijo que si solicitáramos de los ángeles de la Tierra que purificasen y renovaran el suelo, comenzaría lentamente a curarse y sería de nuevo capaz de alimentar a su pueblo. El Ángel del Renacer es Amatiel, que cuida de la Primavera y de cualquier sector de nuestra vida a punto de experimentar una renovación, un renacimiento y un nuevo comienzo. Si sabes de algún espacio de tierra que requiera una curación, sobre todo tras una desastrosa contaminación, pide al ángel Amatiel que te acompañe para evocar a la nueva vida que vuelva a emerger del suelo.

He oído decir que el motivo del «Coro del amanecer» entonado por las aves es conseguir que las vibraciones emitidas con sus trinos digan a la tierra que se ponga a trabajar y ayude a crecer a la vegetación, mientras que al ocaso cantan de nuevo para indicarla que descanse. Se me antoja una explicación muy conveniente y a menudo me he preguntado lo que ocurriría si llegara el canto de los pájaros a una tierra yerma. ¡Con la ayuda de las aves y de los ángeles, su medro sería seguro!

Como en Irlanda jamás conocimos una «revolución industrial», hasta las dos o tres últimas décadas, y con la excepción de las grandes ciudades, fueron allí escasos los edificios de grandes propiedades y de fábricas. Por esta razón, y porque además tuvo tanta fuerza a lo largo de muchos siglos el arte de la narración de acontecimientos mágicos, inspiran un gran respeto los pozos sagrados (que se encuentran en donde crecen los espinos majuelos) y los «anillos encantados» (eminencias circulares de tierra o de piedra, a menudo de composición diferente de la del terreno circundante). Se han tendido algunas carreteras por «tierra encantada» y los campesinos afirman que allí abundan los accidentes porque los Ayuntamientos trazaron las vías a pesar de la naturaleza mágica del suelo. Mi propio padre jamás tocaría un anillo encantado en la granja de nuestra propiedad, y, cuando éramos niños, nos previno para que nunca nos acercáramos a esos lugares. Incluso ahora son muchos los predios con pequeñas superficies jamás tocadas por la maquinaria agrícola. El respeto que los colonizadores de Findhorn mostraron por la tierra de Escocia fue retribuido a través de la abundancia de las cosechas. ¡Revela tú también respeto y advierte cómo aumentarán las tuyas con un poco de magia!

¡Cuando admitas que cada brizna de hierba cuenta en realidad con un ángel que la cuida, es posible que experimentes un rechazo paranoico a pisarla, cortar las flores, comer frutos y verduras y, desde luego, extirpar las malas hierbas! Se trata de una reacción por completo natural, pero no es necesario prolongarla mucho tiempo. Con el fin de actuar en armonía con la Tierra, todo lo que precisas es hablar a los devas y solicitar su permiso para realizar los cambios necesarios o advertirles de lo que te dispones hacer. Trátalos con respeto y ellos harán otro tanto. Posteriormente y en este mismo capítulo encontrarás un ritual que servirá de ayuda a tu ángel y a ti para cuidar de la Tierra y contribuir a que prospere.

Tu propio huerto milagroso

¿Qué te hace falta para garantizar que medre la vida vegetal? Tierra, aire, agua y la luz del Sol. Y, por supuesto, la ayuda adicional de los ángeles. Como es natural, sería mejor que pudieras encontrar una alternativa al empleo de insecticidas y de abonos químicos, pero incluso si te dedicas a la agricultura orgánica, tendrás que consultar con los seres de tu huerto antes de emprender acción alguna. Sí, es posible que parezca una tontería. ¡Pero si tomas en consideración a todos los pequeños seres que allí viven, sería muy injusto causar que desaparecieran simplemente porque desees conseguir una o dos flores bellas! Recuerda que el «equilibrio de la Naturaleza» es parte de la magia que permitirá que prospere tu huerto. Así que vete hacia allí y habla a ese terreno en alta voz o mentalmente. Lo primero que has de hacer es anunciar lo que pretendes lograr y luego explicar que, de ser necesario, tendrás que desplazarlos para realizar los cambios.

También resulta vital comprender que cada ser vivo que crece posee no solo un derecho, sino asimismo una razón para semejante desarrollo. ¡Y entre estos seres se incluyen los que llamamos «hierbajos». Aunque algunas personas pasan el día desembarazándose de los dientes de león, olvidan que cada parte de esa planta puede ser empleada de un modo positivo, por ejemplo, las hojas en una ensalada, las flores en vino. ¿Por qué habría de existir si no existiera una razón para su presencia? La flor del diente de león es el símbolo del Sol. Obsérvala cuando se abre y advierte cuántos insectos medran gracias a su existencia. Todo es vida y nosotros somos simplemente una parte de esa vida, no su totalidad. Si no quieres cultivar por tanto dientes de león, pide a los devas que lleven sus semillas a otro lugar para que puedan crecer naturalmente en donde dispongan de espacio sin miedo a que los extirpemos. Por otro lado, si realmente te ves forzado a eliminar hierbajos, hazlo antes de que florezcan. Es por añadidura importante dejar una parte del jardín silvestre e intacto. Los jardineros de antaño siempre procedían de ese modo porque conocían la importancia del «equilibrio» en la Naturaleza.

Cuando trabajes en tu jardín, reviste trascendencia que tus pensamientos y acciones sean alegres. Recuerda que te hallas en un proceso de creación conjunta con otros seres que allí moran. Canta, ríe, trabaja con otros, habla a los ángeles, dirígete a las flores, a las plantas, a los árboles, a las abejas y a los pájaros. He advertido recientemente cuántos pájaros me acompañan en mi jardín e incluso en ocasiones dentro de mi casa. (¡Pero no es una buena idea la suya en razón de la presencia de mis dos gatos!) Cuando la Naturaleza te acepte y acoja en su reino, considera tal hecho como prueba indudable de que estás procediendo adecuadamente. Busca tanto cromatismo como sea posible, porque el color emite vibraciones sanas y la incorporación de campanillas o sonerías también aporta sus propias vibraciones. Sin necesidad de comprender sus complejidades y cómo ayudan a que fluya la energía, a los seres humanos se nos antoja sencillamente maravilloso hallarnos en un lugar rodeados por el sonido y el color, y puesto que los ángeles son «seres de luz» los apreciarán todavía más. Elabora o compra pequeñas figuritas angélicas que puedas «plantar» por tu jardín. Si te complaces en la creatividad, lograrás realizar tus pequeños ángeles con arcilla de modelar y obtener la ayuda de tus amigos o de los niños. Sé tan creativo cuanto desees, aportando alegría y distracción a lo que hagas. El jardín te devolverá entonces todas las cosas buenas que le hayas proporcionado. Invertir algún tiempo en las faenas de jardinería «por tener que hacerlo» es muy perjudicial tanto para ti como para el propio jardín. ¿Cómo puede florecer y mostrar toda su belleza la vida vegetal si es obra de unas manos mal dispuestas a la tarea? ¡No te sorprenda entonces si todo lo que consigues es malhumor y desánimo!

Sé tan creativo cuanto desees, aportando alegría y distracción a lo que hagas. El jardín te devolverá entonces todas las cosas buenas que le hayas proporcionado.

Cuando tenía cuatro años, planté algunas semillas de lechuga y con diligencia las regué y cuidé. Luego tuve que marcharme súbitamente a causa de una emergencia familiar y volví dos semanas más tarde para encontrar lo que quedaba de unos cuantos brotes muy marchitos. Aunque mi familia afirmó que jamás volverían a crecer y que perdía el tiempo afanándome en la tarea, los atendí con esmero. Me hallaba muy sintonizada con la Naturaleza y con los ángeles, así que solía acercarme a las lechugas y les hablaba cada día para decirles cuánta importancia tenían para mí. Pues se recobraron y desarrollaron hasta convertirse en plantas suculentas que me comí en el momento oportuno.

Cuando me instalé en mis dos últimas casas, ambas contaban con jardines descuidados que se convirtieron para mí en una prioridad. A lo largo de los años he sabido que los devas y los duendes se complacían cuando me consagraba a su cuidado. Mi jardín actual tiene más de dos mil metros cuadrados, y en los pocos meses que llevo viviendo allí he conseguido al menos que dejara de ser un desierto virtual para trocarlo en un espacio colorido, alegre y poblado. Antes de empezar a trabajar, establezco contacto con los devas y les pregunto lo que debería hacer; también les advierto de antemano cuándo voy a segar la hierba o escardar el terreno. Recojo los hierbajos en el compost y percibo que este reciclado del crecimiento indeseado es apreciado por los seres de la Naturaleza. Ahora que por doquier surgen constantemente nuevas edificaciones, estimo que mi misión es cultivar plantas que estimulen a las aves, a las abejas, las mariposas y otros seres de la vida silvestre. Pese al hecho de que el suelo sea pedregoso y aparentemente pobre, dispongo de una abundancia de espliego, brezos, fucsias, lilas... la lista es interminable. También cosecho gran cantidad de guisantes, ruibarbos, repollos y brécoles... y he plantado más de cien árboles. No renuncies, pues, si todo lo que tienes es un pedazo de suelo pedregoso o si no germinan tus semillas. Inquiere de los ángeles lo que deberías hacer de un modo distinto y sigue su consejo. Trata con ternura a las nuevas plantas y explícales cuánto aprecias su presencia. Puedes expresarte solo mentalmente, si te parece estúpido decirlo en voz alta. ¡Pero hazlo de cualquier manera! ¡Eso fue lo que realizaron las gentes de Findhorn y los resultados constituyeron todo un milagro!

Ayuda de los ángeles de la Naturaleza

El arcángel Uriel cuida del planeta; cuando cultives tu jardín, llámalo y consigue orientación y protección en cuanto hagas. Recurre al Ángel de la Vida, al Ángel de la Alegría y al Ángel de la Tierra para que bendigan tu jardín. Llama al ángel Arias si pretendes cultivar hierbas aromáticas; y si estás pensando en crear algunos adornos acuáticos, solicita el favor del ángel Ariel. Este te ayudará a mantener húmedo tu jardín con el fin de que no hayas de temer a la sequía. Existen otros ángeles responsables de diferentes estaciones. ¡Cuanto más consciente seas de su existencia, más los incluyas en tus reflexiones cotidianas y les agradezcas su aportación, mejor se desarrollará tu jardín! Examina la sección de los «Ángeles del Calendario Anual» en el capítulo 1 y opera con el del presente mes. Las siguientes observaciones te ayudarán a relacionarte más íntimamente con los ángeles de las estaciones.

Nota: Como las estaciones son experimentadas de modo diferente en el hemisferio meridional, he incluido las fechas para ambos hemisferios.

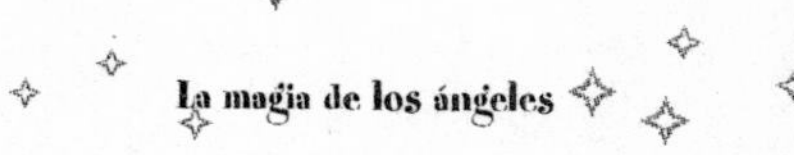

El Ángel de la Primavera. Amatiel

Cuando los días comiencen a tornarse más largos, pide al ángel Amatiel que acuda a tu jardín, y tal vez puedas colocar allí algo especial para honrar su llegada. ¡Amatiel es el Ángel de la Primavera, que se esfuerza por conseguir que la vida vegetal se abra camino a través del frío suelo y estimula el retorno de esa existencia! Cuando hables a Amatiel o a cualquier otro ángel, prescinde de todo formalismo y desarrolla la conversación como si estuvieses hablando con una amistad, porque eso es lo que este ángel representa. ¿Qué dirías a un amigo que trabaja de firme para conseguir que vuelvan a tu existencia el crecimiento, el color y la salud?

Ejercicio de visualización: un ritual para el Equinoccio de Primavera

20-23 de marzo (Hemisferio septentrional)
20-23 de septiembre (Hemisferio meridional)

Realiza bajo techado este ejercicio de visualización. Tal vez te agrade grabarlo previamente con tu propia voz o, si te encuentras en un grupo, hacer que una persona lo lea en voz alta. Debe durar 15-20 minutos. Recuerda que, si lo deseas, puedes cambiar el «tú» por «yo». ¡Viste o rodéate de algo dorado, anaranjado o de un amarillo intenso, cuanto más brillante mejor! De quemar alguna sustancia aromática, elige un olor que corresponda a la primavera, por ejemplo, el del jazmín. Como siempre, debes hallarte sentado cómodamente mejor que tendido.

Antes de iniciar este ejercicio de visualización, imagina que de las plantas de tus pies brotan unas raicillas que te unen a la tierra de debajo. Así te mantendrás afirmado a lo largo de todo la experiencia. Cuando hayas procedido así y te halles en una postura cómoda, respira hondo. Y luego, al volver a inspirar, imagina que una bella luz blanca penetra en los dedos de tus pies y asciende hasta los tobillos. Al exhalar, haz que cualquier tensión en esa parte de tu cuerpo pase suavemente al suelo que tienes debajo.

Inspirando de nuevo, la bella luz blanca continúa su ascenso hasta llegar primero a tus pantorrillas y luego a las rodillas. Al exhalar, haz que cualquier tensión en esa parte de tu cuerpo pase suavemente al suelo que tienes debajo.

Inspira ahora la luz blanca y la notarás llegar a la parte superior del torso. Advierte cómo penetra en tu corazón y en tus pulmones. Al exhalar, lograrás que cualquier tensión en esa parte de tu cuerpo pase suavemente al suelo que tienes debajo.

Inspirando otra vez, la bella luz blanca se remonta a tus hombros y deshace los nudos y tensiones que allí haya. Colma suavemente la parte superior de tus brazos y luego la inferior hasta alcanzar a las puntas de los dedos. Al exhalar, haz que cualquier tensión en esa parte de tu cuerpo pase con fluidez al suelo que tienes debajo.

Ahora, al inspirar otra vez, la bella luz blanca se remonta por su cuello y tu garganta. Elimina los obstáculos que allí encuentre y descubrirás que te resulta más fácil expresarte creativamente. Después la luz blanca penetra en tu nuca y al exhalar desaparece con suavidad en el suelo de debajo cualquier tensión que allí hubiera.

Percibe mientras inspiras cómo inunda la luz blanca tus orejas y colma tu barbilla y tu boca, colma tu garganta y asciende a los ojos y la frente para alcanzar después todo el cuero cabelludo y la parte más alta de tu cabeza.

Al exhalar, cualquier tensión que allí exista pasa suavemente al suelo que tienes debajo. Y sabes que la tierra reciclará todo cuanto hayas exhalado y lo convertirá en luz blanca.

Conoces ahora que desde las puntas de los dedos de tus pies hasta lo alto de tu cabeza estás rebosante de una luz blanca y curativa. Y en tanto que inspiras y exhalas adviertes que la curación tiene lugar en todo tu cuerpo y en particular allá en donde exista un bloqueo de la energía. Qué maravilloso es estar rebosante de luz blanca curativa. ¡Qué feliz y satisfecho te sientes!

A continuación debes imaginar que te encuentras en el campo, de pie en lo alto de un otero. Al observar en torno de ti, adviertes en la distancia las cumbres de unas montañas. Qué maravillosa vista. Mirando hacia abajo, distingues un verde valle. Qué relajante se te antoja su color y qué tranquilo parece. Todo lo que puedes oír es el canto de las aves y el sonido de mi voz. Te sientes por completo relajado y en paz cuando diriges tu mirada alrededor. Y cuando alzas los ojos, contemplas un claro cielo azul y percibes los suaves rayos curativos del Sol que caen sobre tu cabeza. Inspira la frescura de este aire del campo ¡Qué espléndido es!

Observas tus pies ahora y ves que penetran en la tierra. Nada tienes que temer; te consideras feliz por obra del contacto con la tierra. El suelo es blando y cálido. Sabes que estás enraizado allí, perfectamente seguro y sereno. Al inspirar, eres capaz de sentir cómo penetra en ti la energía telúrica. Es como si tuvieras un tallo en lugar de contar con un cuerpo y la energía se remontara, logrando que te sintieras vigorizado y fuerte. Luego la energía se introduce en tus extremidades. Comprendes ahora que eres como una flor espléndida que crece alta y resistente. Percibe la energía en el seno de tus extremidades; es como si se hubieran convertido en pétalos suaves y delicados. La energía las llena de alegría y de amor. Deseas abrirte a la alegría y el amor, así que extiende tus pétalos. Ahora ves en qué flor te has transformado.

Es una sensación maravillosa la de ser una flor. Eres capaz de percibir la suave delicadeza de los pétalos y notar el vigor de tus hojas y de su tallo. Ahora adviertes la blanda caída de una gota de lluvia en uno de los pétalos y experimentas con el contacto una sensación de júbilo. Sopla una ligera brisa y te contemplas desplazándote al unísono, como si estuvieras bailando. Todo en torno de ti ha cobrado vida. Mira alrededor. Advierte qué maravilloso es ser esta flor, rodeada por otros seres de la Naturaleza.

Observa con atención. Quizá consigas ver a algunos de los «resplandecientes», los ángeles de la Naturaleza. ¿Eres capaz de conversar con ellos? Pregúntales si hay algo que puedas hacer para mejorar el entorno. ¿Consigues advertir cuán amables y cariñosos son? Pasa un tiempo con ellos. Muéstrales después tu gratitud por haber permanecido contigo.

Ha llegado el momento de abandonar este maravilloso lugar, pero sabes que lograrás retornar siempre que lo desees para mantenerte en contacto con la Naturaleza. Inspira hondo con tus dos pulmones; al exhalar, podrás sentir de nuevo los dedos de tus manos y de tus pies. Vuelve a inspirar profundamente con tus dos pulmones y, al exhalar, percibirás todo tu cuerpo desde la cabeza a los pies. Con una honda respiración final de ambos pulmones, sabrás al exhalar que has retornado por completo a tu cuerpo, a esta habitación y que ha llegado el momento de abrir los ojos. Ahora te sientes feliz, colmado y unido a tu mundo.

El Ángel del Estío. Tubiel

Tubiel dotará a tu jardín de una abundancia de flores y frutos durante los meses del verano. Con el fin de lograr un equilibrio perfecto entre la lluvia y la luz del Sol, solicita del ángel Matriel y del ángel Moriel que penetren en tu jardín para aportar semejante conjunción. Matriel es el Ángel de la Lluvia y Moriel se encarga de cuidar del viento. Algunas veces necesitamos una cierta corriente para que aleje las nubes de lluvia o para atraerlas hacia nosotros. Una vez más, habla a estos ángeles como si te dirigieras a un amigo. Pídeles que visiten tu jardín con objeto de obtener un desarrollo perfecto en tu beneficio y en el de todo ser implicado.

Ejercicio de visualización: un ritual para el Solsticio de Verano

20-23 de junio (Hemisferio septentrional)
20-23 de diciembre (Hemisferio meridional)

De ser posible, resulta mejor celebrar esta ceremonia junto a una corriente de agua, como un río, canal o arroyo. ¡Pero en otro caso, improvisa en tu propia residencia! Tal vez puedas reproducir una grabación del discurrir de un arroyo como sonido de fondo para que te ayude a imaginar que estás allí. Todo lo que necesitarás en este ritual especial será una vela blanca por cada persona presente, un poco de papel del mismo color y un lápiz (y un gran cuenco con agua si lo ejecutas en el interior de tu residencia). De quemar incienso, elige un aroma estival como el del espliego.

El Solsticio de Verano exalta la mitad del año pastoral. Jardines, parques y tierras de labor bullirán de un sano crecimiento. Tras el duro trabajo realizado desde la primavera, podemos contemplar ahora en torno de nosotros sus beneficios. Es el momento de dar las gracias a los ángeles y a los seres dévicos por el don de la vida.

Tanto si te hallas solo como si estás en compañía de algunos amigos, concéntrate en lo que tienes que celebrar dentro de tu propia vida e invita a tu ángel a que se reúna contigo. ¿Has forjado una nueva amistad? ¿Disfrutas del amor? ¿Desarrollado una pauta mental positiva? ¿Concebido un hijo? ¿Has sido presentado a tu ángel? ¿Acometido una nueva carrera? ¿O te sientes colmado y satisfecho? Considera ahora lo que deseas lograr en las próximas semanas que restan del verano.

Cuando estés dispuesto, bendice las velas y enciéndelas. Inscribe en el papel tu agradecimiento por lo que tienes y tus deseos para el próximo otoño. Haz con el papel un barquito que puedas lanzar después al agua. (En casa, utiliza un cuenco, llena la pila o el baño o conserva tus barquitos de oración hasta el momento en que sea posible echarlos a una corriente de agua.)

Dedica ahora un tiempo, sumido en el silencio, a aportar a tu mente la imagen, la sensación y el conocimiento de tus aspiraciones más elevadas en este momento. Después, completada la imagen mental y encendida la vela, lanza tu barquito al agua y contempla cómo se aleja. Agradece a los ángeles su don del tesoro estival y deja que la vela arda por completo.

El Ángel del Otoño. Tariel

Otoño es el tiempo de la cosecha. Después de todos los esfuerzos que realizaste en el jardín desde la primavera, llegó el momento de recolectar lo que ya es tuyo. Cada planta, fruto o flor con los que disfrutas ha recibido el contacto angélico. Manifiesta al ángel Tariel y al reino dévico tu gratitud por su inquebrantable apoyo a la vida animal y vegetal. Prepara condimentos y mermeladas con las frutas y las plantas adicionales y devuelve todo cuanto te sea posible a los seres de la tierra, haciendo un compost con lo que ha llegado a su fin natural. Agradece a la vida vegetal el don de sí misma. Recoge hojas y úsalas para cubrir la tierra, proporcionando así alimento a los insectos y a las lombrices y retira también todos los hierbajos innecesarios.

Un ritual para el Equinoccio de Otoño

20-23 de septiembre (Hemisferio septentrional)
20-23 de marzo (Hemisferio meridional)

Vaga por tu jardín y toca las hojas y los tallos de las flores y las plantas. Manifiéstales tu agradecimiento por compartirse contigo, porque es el don de su fuerza vital lo que nos proporciona la energía que precisamos a lo largo del año. Siéntate en silencio con los ojos cerrados e imagínate como uno de esos árboles o plantas. Concibe lo que es para ellos producir la savia y el vigor con que alzarse al cielo y llegar a las profundidades de la tierra. Piensa en lo que significaría compartir tu existencia con insectos, aves y otros seres de la vida silvestre y lo que supone contar con ángeles que estimulen tu crecimiento. Agradece al jardín la abundancia de sus regalos. Otorga a las plantas que te rodean permiso para extinguirse ahora que nos enfrentamos al final del desarrollo de cada año.

El Ángel del Invierno. Amabael

Amabael es el Ángel del Invierno y reviste importancia que no descuides el jardín en esa época del año. Habla a Amabael incluso cuando la nieve cubra el terreno. Hay allí debajo mucha vida, aunque —como sucede con los ángeles— no siempre podamos advertir su presencia. Imagínate a Amabael al cuidado de todas las formas de vida bajo el frío y duro suelo o la nieve helada. Cuando veas brillar el Sol sobre un carámbano o un copo de nieve, saluda a Amabael y muéstrale tu gratitud por su consuelo y apoyo en esta dura época del año.

Cuando el Sol pugna por asomar sobre el horizonte el 21 de diciembre (o el 21 de junio en el hemisferio meridional) es vital que honres a los seres vivos del mundo que hay a tu alrededor. Todos se encuentran sumidos muy abajo, protegidos por la oscura tierra. Puedes animar a los minúsculos bulbos y plantas invernales a que comiencen a despertar e inicien de nuevo su viaje hacia la claridad.

Un ritual para el Solsticio de Invierno

20-23 de diciembre (Hemisferio septentrional)
20-23 de junio (Hemisferio meridional)

El tiempo y la temperatura de esta época del año no favorecen las actividades al aire libre, pero de ser posible realiza este ritual a la intemperie porque te sentirás más unido a la tierra. Necesitarás algo de cartulina o papel, unas tijeras, cuatro velas y algunas semillas.

Traza en torno de ti un gran círculo sobre el suelo (o utiliza una cinta o una cuerda). Será el símbolo de la Tierra. Ahora recorta en cartulina o papel un símbolo del Sol y otro de la Luna y colócalos frente a frente, hacia el este y el oeste, casi tocando el círculo. (Por el este se alza el Sol en la mañana y por el oeste se hunde al aproximarse la noche.) Permanece sentado o de pie en el centro del círculo y dentro de este pon una vela en cada una de las cuatro direcciones diferentes: norte, sur, este y oeste. Coloca en el suelo, cerca de las velas, algunas semillas. Cuando las enciendas, solicita del ángel Amatiel y de otros miembros del reino dévico que retornen a la tierra y aporten nueva vida al suelo.

Cierra los ojos e imagina a Luna, iluminando los parajes de noche; luego su lugar será ocupado por el Sol y percibirás el calor de sus rayos cuando alcanzan la Tierra y la despiertan. Siente al Sol, sabiendo que regresará a este lugar de nuevo con el paso de las semanas y que estimulará a las semillas que plantaste a que concluyan su hibernación. Concibe todo el proceso del crecimiento que se despierta y puja por asomar a la luz del Sol. Conviértete con el ojo de tu mente en ese pequeño bulbo o semilla. Abandona la hibernación y empieza a buscar la luz que brilla sobre ti. Sabrás que tienes que seguir un camino, que hay una luz al final de la pugna. ¡Permite que tu corazón se inunde de alegría cuando por fin te abras paso hasta llegar a la luz! Deja que las velas se extingan.

Cuando plantes en tu jardín y lo cuides

Si estás pensando en plantar algunos árboles, arbustos o flores específicos y en cuidarlos después, trata de proceder en el día que concretamente les resulte más favorable como muestra el siguiente cuadro.

La Semana de la Plantación

Día de la semana	Árbol/Arbusto/Flor
Domingo	Caléndula, heliotropo, girasol, ranúnculo, cedro, haya, roble.
Lunes	Flores nocturnas, sauce, abedul, verbena, rosa blanca, iris blanco
Martes	Rosa roja, pino, margarita, tomillo, pimiento.
Miércoles	Helecho, espliego, avellano, cerezo, vincapervinca.
Jueves	Canela, haya, ranúnculo, fárfara, roble.
Viernes	Rosa rosada, hiedra, abedul, brezo, clemátide, salvia, violeta, nenúfar.
Sábado	Mirra, musgo, fárfara, abeto.

Capítulo 5

Los ángeles del Amor

Como dijo el apóstol San Pablo en su Primera Carta a los Corintios: «Aunque hablara las lenguas de los hombres y de los ángeles, si no tengo amor, soy como bronce que suena o címbalo que retiñe... El amor... no toma en cuenta el mal... Todo lo soporta... no acaba nunca...».

A veces solemos concebir el amor como una simple manifestación romántica, pero supone mucho más que eso. El amor posee una energía mágica que le es peculiar. El amor puede hacer milagros. El amor es capaz de cambiar toda una disposición de la mente e incluso curar el cuerpo físico.

Los ángeles son dones que nos han sido entregados a través del amor. Si no nos permitimos amar, no conseguiremos abrirnos a nuestros ángeles. No es posible aceptar el amor en nuestra vida hasta que hayamos realizado el esfuerzo de mostrar perdón para nosotros mismos y para otros. En ocasiones nos enamoramos del amor cuando conocemos a alguien a quien sentimos como especial, pero si esa persona actúa de un modo que no es de nuestro agrado, cabe la eventualidad de que nos inclinemos por juzgarla y nos desenamoremos.

¡El amor verdadero es incondicional y admite ser compartido con hijos, con amantes, con compañeros, con desconocidos y desde luego con ángeles! Hemos de aprender a amarnos primeramente a nosotros mismos antes que de verdad seamos capaces de querer a otros. Al aportar la magia angélica a tu vida lograrás aprender a abrir tu corazón al amor, a atrae el amor hacia tu existencia y luego a comprometerte con el amor.

Creo que a la ahora de nacer en esta vida, cada uno hemos sido elegido para hacer frente a algunas lecciones en su viaje hacia la iluminación espiritual. Tales lecciones pueden recibir nombres muy diferentes y girar en torno del desarrollo personal y espiritual, pero en conjunto se refieren a la necesidad de que aprendamos y practiquemos el amor incondicional. Ninguna persona es perfecta, ni se espera de ella que lo sea. En razón de nuestras imperfecciones, tenemos que hallarnos presentes aquí en la Tierra para curarlas, otorgando perdón a nosotros mismos y a otros por el hecho de ser imperfectos.

Si viviésemos en el tiempo de Jesucristo, emplearíamos la palabra aramea «chó» en vez del término «perdón». «Chó» significa «desatar»; al perdonar desatamos el lazo que nos une con la persona a la que vemos como «transgresora». Hasta que aprendamos la lección del perdón, estaremos siempre atados a ese ser humano y a esa enseñanza y tal lección se nos reiterará una y otra vez mientras no superemos la prueba del perdón. Cuando alguien nos hace un daño, nos consideramos justificados para no desear nunca perdonar a esa persona, para que el «pecador» no merezca ser perdonado. Pero, de adoptar semejante actitud, estamos asimismo evitando que el bien llegue hasta nosotros. No solemos, sin embargo, entender este punto. La definición de la palabra «pecado» procede de un término romano empleado en el uso del arco para designar «un tiro errado»; por consiguiente, al no perdonar a alguien «haber fallado en el blanco» nos impedimos aceptar y recibir la «oferta» de amor que todos ansiamos y merecemos. La vida sin perdón nos garantizará que permanezcamos encadenados con la persona de la que creemos que nos hizo daño y solo nos liberaremos de esa atadura y encontraremos la libertad si nos mostramos dispuestos a perdonar.

Piensa en lo que sucede cuando criticas o «señalas con el dedo» a alguien. Hazlo ahora mismo y examina tu mano. ¡Verás que tres dedos más apuntan hacia ti! Ello es prueba que de que cuando juzgamos a otros, también estamos juzgándonos a nosotros mismos.

Dedica unos momentos a reflexionar sobre tu propia existencia hasta la fecha. ¿Quién te ha herido? ¿Hasta cuándo se remonta ese agravio? ¿Has dejado hoy de disfrutar del amor? ¿Han matizado tus pasadas experiencias la opinión que te merece compartir amor? Solo tú serás capaz de responder sinceramente a esas preguntas.

El perdón supone el acto de permitirnos conscientemente quedar libres del agravio, la ira y el dolor que consideramos infligidos por otro. No importa quiénes seamos ni en dónde nos encontremos en esta Tierra; cada uno de nosotros está destinado a ser herido por otros, a veces sabiéndolo, otras inconscientemente. Imagina que contemplas tu propia silueta. Como has sido agraviado, tu cuerpo rebosa de una oscura fuerza, pero te rodean tus ángeles y tratan de colmarte de una energía de bella luz rosada. ¿Cómo pueden conseguirlo mientras tú no dejes escapar la negra fuerza de tu conducta implacable? El precio de semejante comportamiento puede ser muy alto. Porque cuando nos sentimos sin amor en nuestra existencia, empezamos a vivir con miedo. El temor se manifiesta de muchas maneras en nuestras vivencias personales: a través de estados de resentimiento y de crítica, que impiden que nos amemos a nosotros mismos y queramos a otros; en una vida de confusión y de depresión que nos mantiene sumidos en las tinieblas; y desde luego también se revela como enfermedad en nuestro cuerpo físico, como un símbolo de la ausencia de confort. Lo opuesto del amor no es el odio, sino el temor. El miedo es simplemente un pensamiento que se ha desarrollado de manera desproporcionada. Leí en alguna parte este pequeño mensaje: «El miedo llamó a mi puerta. El amor la abrió. Allí no había nadie». Cuando disponemos de la magia del amor en nuestra vida, no existe espacio para el temor, porque «¡Quienes caminan junto a los ángeles aprenden a remontarse sobre las nubes!». Recuerda que los ángeles se encuentran simplemente al alcance de tu voz pero que aguardan esa llamada. Hemos de aprender a solicitar su ayuda antes de que podamos esperar recibirla. ¡Solo entonces la magia angélica comenzará a obrar maravillas!

Aprendemos a perdonar a través de la comprensión y de la iluminación espiritual. Eso no sucede de la noche a la mañana. Tal vez hayamos de repetir los pasos muchas veces antes de sentirnos totalmente libres de la atadura determinada por mostrarnos implacables. Concibe tu mente como un ordenador personal. Se halla gobernado por un disco duro que ha sido programado con ciertos tipos de procedimientos y métodos de acción. Solo es capaz de actuar a partir de la información con la que fue programado. Si tiene que reaccionar de un modo distinto, debe ser reprogramado y tal vez pase algún tiempo antes de que acepte plenamente la nueva información. En ocasiones, quizá un «virus» de rabia y resentimiento trate de destruir el disco duro recién programado, pero si disponemos en nuestro corazón de una alerta «antivirus» conseguiremos ahuyentarlo tan pronto como se presente.

Los ángeles se encuentran simplemente al alcance de tu voz, pero aguardan esa llamada.

Rituales para abrir tu corazón al amor

UN RITUAL PARA PERDONAR A OTROS

Todos buscamos el amor y con frecuencia parece hallarse justo fuera de nuestro alcance. Si aprendemos a perdonar a otros, podremos adelantarnos y aceptar así en nuestra existencia ese amor tan anhelado.

1. Antes de que hagas cualquier otra cosa, empieza por encender una vela para que sepas conscientemente que te hallas «en la luz». Si conoces el nombre de tu ángel, pronúncialo al saludarlo y conocerás entonces que con él a tu lado eres dos veces más fuerte. Perdonar a alguien significa que tienes que cambiar y lo único que todos tememos es el cambio. Deja que tu ángel te ayude a acoger gratamente esa transformación en tu corazón, manifestando la siguiente y breve «plegaria».

   Te ruego, Ángel del Amor, ser de la luz, que me aportes iluminación aquí y ahora.
   Ayúdame a llevar la magia a mi vida para que sea capaz de compartirla con otros.
   Ayúdame a llenar de amor mi corazón para que pueda compartirlo con otros.
   Ayúdame a colmar de luz y amor mi corazón cuando ahora te hablo.

2. Piensa en la persona que, al parecer, es ahora causa de un problema en tu vida. De ser posible, evócala tal como la viste la última vez. Pronuncia su nombre en alta voz y manifiesta luego:

   La Luz en mi seno saluda a la Luz en tu seno.

3. Piensa de nuevo en la persona a quien te gustaría ser capaz de perdonar. Pronuncia su nombre en voz alta y añade:

   Te perdono por no ser como quería que fueses, te perdono y te libero.

   Al decir esto, te liberas además de la lección y de las dificultades de tu posición implacable.

Un ritual para perdonarte

Con harta frecuencia es posible que no atinemos a entender una de las lecciones de la vida y que tan enconada sea nuestra postura al respecto que nos castiguemos durante años. Debemos concebir por el contrario a la existencia como una escuela en donde aprendemos constantemente lecciones. Cuando cometemos un error, el secreto estriba en aprender de lo que hicimos, no en repetirlo.

Vemos a otros cometer errores y advertimos que nunca parecen «pagar» por sus acciones. ¿Puede ser cierto? No, según la Ley Universal del Retorno Decuplicado (mira en la página 16), tales personas tendrán que abonar la deuda en algún momento. Deja que el tiempo siga su curso; no trates de juzgar. Lo que ahora de verdad te interesa es la liberación de tu propia atadura. Si te sientes incómodo tan solo con pensarlo, no dejes de meditar sobre el modo en que esa postura implacable te ha impedido compartir y disfrutar el amor que te aguarda. Porque, por imperfectos que seamos, Dios nos ama y nuestros ángeles nos quieren; así que realmente deberíamos pensar en amarnos nosotros mismos. Quizá te hayan dicho que «quererse a sí mismo» constituye una revelación de egoísmo. No es verdad. Se trata del primer paso para aprender a querer a otros, y sin amor a ti mismo no podrás sentir amor por los demás. Pese a todos esos pensamientos negativos, desagradables e irreflexivos, hemos de perdonar y querernos a nosotros mismos. ¿Cómo sería posible de otro modo observar la prescripción de «Ama a tu prójimo como a ti mismo»?

He aquí un ritual simple que te ayudará a perdonarte por el hecho de no ser perfecto. Es mejor realizarlo cuando estés solo y libre de distracciones. Si comprendes que cometiste un error, tanto hoy como hace veinte años, mírate a los ojos en un espejo, pronuncia tu nombre en alta voz y declara:

Te perdono por no ser como quería que fueses.
Te perdono y te libero.

Al decir esto, estás aprendiendo la lección del perdón y amándote a ti mismo.

Otros rituales para el perdón

- Siempre que te duches, o incluso cuando laves tus manos, puedes acostumbrarte a decir:

Transformar todas las cosas negativas en cosas positivas.

Este es simplemente otro modo de manifestarr: «Estoy prescindiendo de todo lo negativo».

- Cuando despiertes, vayas sentado en un autobús, te halles atascado por el tráfico, te acuestes... nada te supone realizar un ritual de perdón. Uno de los más sólidos estriba en reflexionar acerca de todo ese día y de todas las personas con las que has mantenido contacto o incluso en las que has pensado. Pide a cada una que te perdone si concebiste o dijiste cosas desagradables en relación con ella y perdónala si aparentemente te hirió de alguna manera. El perdón puede significar un salto en la oscuridad. ¡Pero cuando saltas hacia las tinieblas debes tener la seguridad de que saldrás a la luz!

Un ritual para curar tu corazón

Busca algún lugar tranquilo en donde nadie te moleste. Asegúrate de estar cómodo y, según costumbre, enciende una vela como una decisión consciente de hallarte en la Luz. Penetra luego dentro de ti mismo. Pide a tu ángel que te ayude en este momento importante de tu vida. Lleva ahora las manos a tu corazón y siente una vez más, y por última vez, el presente dolor que sufres por culpa del acontecimiento o de la persona que te haya agraviado. Inspira ese dolor y traslada a tu mente toda la tristeza y la sensación de pérdida retenidas en tu corazón. Exhala ahora de una vez para siempre ese dolor. Repite este ejercicio tan a menudo como desees hasta que verdaderamente sientas que has expulsado de tu corazón toda la energía negativa.

El paso siguiente consiste en solicitar de tu ángel que te ayude a encontrar perdón en tu corazón. Trata de imaginar a tu ángel sentado frente a ti, con los brazos extendidos, tan solo aguardándote a que te precipites hacia él, concluyas la pugna y aceptes el amor.

Este ritual es capaz de suscitar emociones intensas y resulta importante comprender que las lágrimas constituyen un remedio natural para los pesares del corazón. Empujan a la hormona serotonina hacia el torrente sanguíneo y por eso contribuyen a tu relajación y a la liberación de la tensión y de la ansiedad.

Imagina que tu ángel te envía un rayo rosado de energía directamente desde su corazón al tuyo. Esta energía es la que precisas para mostrar amor hacia tu persona y a otros. Colmará ahora esos espacios yermos y vacíos de tu corazón, de los que durante alguna época ha estado ausente el amor. Te ayudará a liberar a través del llanto los sentimientos de pérdida y vacuidad que retuviste durante tanto tiempo. Esa energía iluminará tu corazón y lo mantendrá rebosante de una cantidad creciente de amor, que también asegurará la buena salud de este órgano vital.

Un ritual para curar al niño que hay dentro de ti

Como numeróloga, creo que todos hemos sido enviados a este mundo con un esquema secreto de lo que será nuestra existencia terrena. Una vez que entiendas ese esquema, tendrás la seguridad de que en el desarrollo de tu existencia haces lo preciso en el momento oportuno. Parte muy importante de cualquier proceso curativo es comprender que todos llevamos dentro al que llamamos «Niño Interior».

Todos llegamos a la Tierra para aprender ciertas lecciones, y una de estas es la que se nos brinda entre el momento de nacer y los nueve años de edad. Hasta que no nos curemos del agravio de esta lección, jamás nos desarrollaremos de verdad en calidad de adultos, porque siempre existirá previamente un sector de nuestra vida en donde reaccionemos como un niño. Hasta los ocho o nueve años de edad solo somos capaces de experimentar la existencia a través de nuestras emociones, puesto que no se nos han enseñado la lógica o el razonamiento. Por ejemplo, si tu madre fue a la clínica sin ti y regresó con un bebé recién nacido, como niño pequeño tú no comprenderás todo lo que suponen las exigencias de alguien de su edad. Probablemente te sentirás indeseado y abandonado por tu madre. No serás capaz de razonar: «Mamá me quiere, pero ya no puede mimarme como antes porque tiene un recién nacido que necesita alimentarse». Si tú mismo fuiste a una incubadora al nacer porque tu salud peligraba, no se te ocurriría considerar: «Esto es lo más conveniente para mí si he de sobrevivir». No, más probablemente sentirías: «¿Qué ha sucedido? ¡He sido abandonado! ¡Mi madre me ha dejado!». Y si un niño pequeño pasa por tales experiencias, es muy posible que crezca hasta llegar a ser un adulto que no se considere ligado a su madre y podría por eso en una fase ulterior de su existencia padecer problemas a la hora de relacionarse.

Evidentemente, dentro de un periodo de unos doce meses, a cada uno de nosotros le suceden miles de cosas, pero habrá algo específico en nuestra niñez que ejerza un gran impacto en cada persona. No tienen por qué ser malos tratos físicos o abusos sexuales; tal vez se trate de las circunstancias simples y ordinarias a las que acabo de referirme. Pero eso no aleja el dolor. ¿Hay que mantenerse en semejante situación? No, cabe remediarla con rituales tales como el siguiente. A propósito, no es preciso que sepas exactamente qué fue lo que afectó a tu Niño Interior. Basta con que te preguntes: «¿Hay algún sector en mi vida en donde tienda a excederme en mis reacciones?». (Como sentirte abandonado si tu pareja se ausenta por un día o creer que de nada vale manifestar el modo en que sientes porque nadie te escuchará.) Al identificar tal área, estás reconociendo a tu «Niño Interior».

En primer lugar, debes descubrir por ti mismo la edad de tu propio Niño Interior, para que puedas recordar la crisis con la que tuviste que enfrentarte en tu infancia. A ese efecto, repara en el día del mes de tu nacimiento. Por ejemplo, si viniste al mundo en el día 8, eso significa que tu Niño Interior tiene ocho años. Si la fecha de ese día se compone de dos dígitos, súmalos para conseguir uno solo. Por ejemplo, de haber nacido el 23 de un mes, reúne las dos cifras, 2 + 3 (= 5), y eso supondrá que tu Niño Interior cuenta cinco años.

La gente me dice a menudo: «No consigo recordar mi niñez». Eso es posiblemente debido al dolor experimentado en el momento de la crisis y constituiría una reacción humana natural para tratar de lograr un bloqueo, deduciendo: «Si no pienso en eso, entonces no sucedió». Pero la carencia de reflexión acerca de la experiencia no la elimina; el agravio allí continua. Averiguar la edad de tu Niño Interior representa el primer paso hacia la curación de la herida, aunque no puedas rememorarla conscientemente.

Ejercicio de visualización: La curación de tu Niño Interior

Como de costumbre, realiza el siguiente ejercicio de visualización en un lugar tranquilo en donde nada te perturbe. Si decides grabar el guion, habla lenta y suavemente y haz que el ejercicio dure 12-15 minutos. Enciende una vela, haz sonar una agradable música de fondo y permanece sentado en un sitio cómodo. Este ejercicio se desarrolla mejor cuando te encuentras a solas de manera que, de ser necesario, puedas dar rienda suelta a tus emociones.

Comienza por respirar de un modo profundo con los dos pulmones y tal vez desees también imaginarte «arraigado» en el terreno durante el ejercicio. Concibe sencillamente a unos pequeños imanes que crecen en las plantas de tus pies y te mantienen unido al suelo que hay debajo. Dedica tanto tiempo como quieras a relajarte, inspirando con todo el cuerpo tu color preferido. Cuanto más intensidad alcance la relajación que logres, más profunda será la curación.

Imagina ahora que te encuentras en un jardín o en un paraje campestre y contempla el desarrollo de la siguiente escena. (Si te parece difícil la evocación, tal vez sea conveniente que la concibas como si siguieras un programa en la televisión.) Un ángel avanza por el sendero del jardín. Hay árboles y arbustos en torno del camino, pero el ángel parece no conocer exactamente la dirección que debe tomar. Mientras observas, adviertes que se acerca el ocaso y quizá puedas incluso contemplar cómo se pone el brillante Sol y sentir sobre tu piel el calor de sus agradables rayos. Te encuentras más relajado y tranquilo a medida que tiene lugar la acción.

Ahora oyes llorar a un niño pequeño. En tanto que el ángel prosigue su avance por el sendero, el llanto se torna más fuerte. Solloza de un modo desgarrador y percibes que el ángel desea hallar inmediatamente a ese niño y hacer cuanto pueda para consolarlo.

Ves que el ángel abandona el camino y se interna entre los árboles. Ahora encuentra al niño pequeño que solloza. Lo toma en sus brazos y lo sienta con ternura en sus rodillas. Mientras el niño continúa llorando, el ángel le brinda serenamente amor y consuelo. «¿Qué puedo hacer para ayudarte?», pregunta al pequeño. «¿Por qué lloras tanto?» Ahora entiendes que ese niño eres tú, tú mismo. Sabes que te encuentras a salvo y que está contigo el único ser en tu vida que nunca te juzga. Quizá entre sollozos o solo gracias a una comprensión cariñosa descubres entonces en qué ha radicado el problema.

Ves ahora que el ángel explica al niño pequeño exactamente lo que pasó y por qué fue así y que le ayuda a com-

prender, curando de tal modo la sensación de abandono y temor que le ha causado tal pena. El ángel envuelve amablemente al pequeño en su amor, asegurándole que se halla allí para quererlo y guardarlo siempre. Los dos se alegran juntos y escuchas la risa del niño.

Este es el primer paso hacia la curación de tu Niño Interior. Las emociones no siempre sanan de la noche a la mañana; has de tener, pues, paciencia porque la tarea quizá exija un tiempo. Mientras cures a tu Niño Interior, muéstrate amable contigo mismo. Trátate como si fueras un pequeño que está experimentando un trauma. Revela cordialidad con tu persona y no aguardes demasiado. ¡Al fin y al cabo, si te rompieras una pierna, no esperarías que fuesen a quitarte de inmediato la escayola y obtendrías mientras tanto toda la simpatía de quienes te rodean! Pronto advertirás que la magia angélica comienza a revelarse en pequeños detalles de tu vida.

El Poder del Amor Angélico

El amor es una energía vibrante y no tan solo una emoción romántica. Hasta que no abramos nuestro propio corazón al amor hacia nosotros mismos no podremos siquiera aceptar y disfrutar del amor verdadero —otra expresión del amor incondicional— a otra persona. Es posible, sin embargo, que representes un imán mágico para el amor cuando te abras a la pura energía amorosa de tu ángel.

Tras haber disfrutado del siguiente ritual, pon atención a partir de ahora a los pequeño cambios que se operen en tus relaciones. En ocasiones resultan mágicos, pero otras veces requieren más tiempo. ¡Mas nada será igual una vez que hayas realizado este ejercicio de visualización!

La próxima vez que hables a una persona con quien quizá hayas tenido un desacuerdo, compórtate como si padecieras amnesia respecto de vuestro último encuentro y empieza por completo de nuevo. No tienes que esforzarte por alcanzar un cierto grado de intimidad, pero la revelación de perdón y caridad con los demás puede constituir una magia en tu propia existencia.

Ejercicio de visualización: Un ritual para abrir tu corazón al amor angélico

Ya estarás acostumbrado a buscar un lugar tranquilo en donde disfrutar de estas visualizaciones sin ser interrumpido. Si realizas solo este ejercicio, dedica un tiempo a grabar el guion, que deberá durar 30-35 minutos. (Recuerda que, de desearlo, puedes cambiar el «tú» por «yo».) En el caso de que formes parte de un grupo, haz que alguien se encargue de la lectura. Y no olvides la importancia de las inspiraciones regulares y profundas con el fin de desembarazarte de cualquier tensión y de relajarte en este ejercicio de visualización.

Una vez que te halles cómodamente sentado, comienza a inspirar lenta y rítmicamente. Escucha tus inspiraciones y exhalaciones. Imagina ahora la existencia de unos pequeños imanes en las plantas de tus pies y que te mantienen unido a la Tierra que hay debajo. Así lograrás permanecer afirmado durante tu viaje. Evoca ahora tu respiración en cada célula de tu cuerpo. Advierte cómo se abren suavemente los poros de tu piel para intensificar la hondura de tu respiración. Ahora eres capaz de advertir que llega directamente a tu meollo. Cuando más profunda se torna la respiración, más relajado te adviertes. Es una sensación encantadora y serena y sabes que tu cuerpo se beneficia de este ejercicio. Cuán fácil es relajarse y visualizar. Acoges con gratitud estos momentos.

Cuando ahondas más en ti, empiezas a recordar el pasado. Retrocedes en el tiempo y piensas en todas aquellas personas a las que quisiste. Evocas el dolor que experimentaste en tu corazón cuando se te antojó que ya no te amaban. ¿Cómo fue ese sentimiento? ¿Dejó un negro espacio en tu corazón? ¿Hay ahora cicatrices en tu corazón a modo de grandes oquedades o fisuras? ¿Existen pequeñas grietas difíciles de cerrar? ¿Qué precisas para curar esas cicatrices? Invita a tu ángel a que penetre en tu corazón. Te aportará cuanto necesites. Te ayudará a curar las cicatrices. Ahora se ha iniciado el proceso que determinará su desaparición. Las tinieblas abandonan tu corazón. Ya no le sientes pesado. La carga del dolor se disipa. Descansa un rato mientras tu corazón experimenta su curación.

Recuerda ahora la alegría de ser amado y de amar. Acuérdate de cómo se elevaba tu corazón cuando compartías un tiempo con alguien a quien cuidabas y que cuidaba de ti. Evoca esa maravillosa sensación cuando compartiste con otro ser el amor de tu corazón.

Quiero que ahora imagines que tu ángel se halla frente a ti. Tal vez lo sientas, tal vez lo veas o quizá simplemente lo intuyas. Sabes que tu ángel desea compartir su amor contigo, no quiere que sigas permaneciendo separado o aislado. Contémplate tendiendo los brazos hacia tu ángel. No experimentas temor, solo sientes amor. Deja que corran tus lágrimas si es eso lo que quieres, porque serán lágrimas de júbilo. Percibe ahora cómo te abraza tu ángel. Sabes con una certeza absoluta que tu corazón se halla ahora abierto al amor angélico.

Concibes un rayo de luz dorada emanado del corazón de tu ángel y que llega hasta el tuyo. Se abre en tu corazón una puerta para recibir a este amor dorado. Cada vez que inspiras, la luz dorada del amor de tu ángel penetra en tu corazón, y cada vez que exhalas desaparecen cualesquiera temores o tensiones. Y cuando vuelves a inspirar, el amor de tu ángel cura toda cicatriz de agravio o dolor en tu corazón, y cuando exhalas, te libras para siempre de cualquier dolor. Al inspirar, el amor de tu ángel ilumina las áreas oscuras de tu corazón y al exhalar te libras definitivamente de todas las tinieblas.

Sigue inspirando el amor de tu ángel hasta que sientas a tu corazón como si estuviera por entero colmado de la luz dorada del amor. Y ahora sabes que tienes tanto amor que puedes en realidad compartirlo con tu ángel. Al exhalar, un arco de luz dorada brota de tu corazón y alcanza al del ángel. Y al inspirar el amor de tu ángel, exhalas amor hacia él. Ves ahora que un círculo de amor se desplaza entre el ángel y tú. Cuán espléndidamente lleno de amor te sientes. Y conoces que nunca olvidarás este momento. Jamás has experimentado tal ligereza, tal júbilo o tal amor.

Adviertes que existe aquí tanto amor que desearías compartirlo. Te percibes ligero y despreocupado, completamente impulsado por la ingravidez del amor de tu ángel. Sabes que en este momento puedes abandonar este lugar sin sentir miedo alguno y volver con tu ángel a cualquier lugar del mundo que necesite amor ahora mismo. Es fácil. Déjate alzar del suelo suavemente y remóntate con tu ángel. Él te ayudará y te protegerá. Conoces que te hallas a salvo. Sabes que eres amado. Has dejado tras de ti todo el peso de unas vivencias negativas, te percibes libre, ligero y colmado de la luz dorada del amor angélico.

En este instante deseas visitar algún lugar de tu vida al que consideres falto de amor. Tal vez se trate de tu hogar, de tu familia o de tu centro de trabajo. Puedes ir a todos esos sitios. Es fácil aportar hacia allá la magia del amor angélico. Imagina que te encuentras entonces allí y en ese punto estarás. Cuando te acercas, esos sitios se te antojan grises y anodinos. Pero ahora, al volar por encima en compañía de tu ángel, contemplas cómo se lleva a cabo un gran cambio. Es como si lloviera amor. La energía del amor angélico ilumina esos emplazamientos y a quienes allí se encuentran. Vuelve los ojos hacia abajo y observa lo que sucede cuando desciende la luz. Invita a esas personas a abandonar su existencia gris y a penetrar en la luz del amor. Fíjate cómo se transforma todo el entorno cuando es alcanzado por el amor angélico. La luz del amor angélico ha trocado lo negativo en júbilo. ¡Contempla ese efecto mágico!

Ha llegado el momento de partir y de retornar a donde iniciaste el viaje. Pero sabes que puedes regresar a este lugar siempre que desees complacerte en compartir la magia del amor entre tu ángel y tú.

Deseo que ahora respires hondo, y cuando inspires y exhales de nuevo, podrás sentir una vez más el suelo bajo tus pies. Y cuando inspires y exhales de nuevo, percibirás una vez más las puntas de los dedos de tus manos y de tus pies. Y cuando inspires y exhales de nuevo, habrá sobrevenido el instante de que abras los ojos. Hazlo así, retornando a esta habitación relajado, descansado y mucho más amado que nunca.

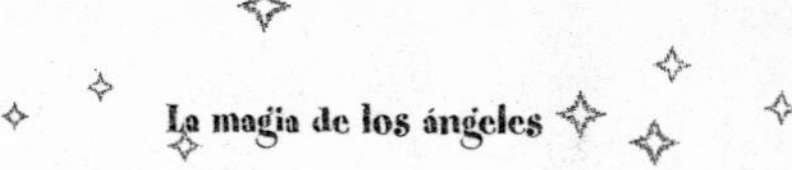

Rituales para atraer el amor

Una vez que te hayas liberado de la tendencia a juzgar y a mostrarte implacable, habrá llegado la época de aportar más alegría y amenidad a tu existencia. Hay muchísimos rituales placenteros que puedes practicar para atraer más amor a tu vida. El amor sobreviene bajo todos los aspectos: en la atención a la familia, en la generosidad con las amistades, la armonía de las relaciones y, desde luego, bajo su impronta romántica.

Recuerda siempre que no puedes obligar a nadie a que te quiera y que el amor debe ante todo comenzar dentro de ti mismo antes de que seas capaz de buscar fuera un amor sincero.

- Si deseas atraer hacia tu vida a una determinada persona, pide a los ángeles que se hallen a tu lado cuando la encuentres. Piensa en que la otra parte tiene al menos un ángel, así que habla al tuyo y dile cómo te sientes. Es posible que los dos ángeles se reúnan y se refieran a tu amor. Pero no te reveles demasiado exigente, porque en ocasiones una persona o una relación quizá no sean las adecuadas para ti en esa circunstancia; por ejemplo, tal vez no exista la oportunidad conveniente o puede que la presente lección que estés aprendiendo exija que ahora te halles solo. En lugar de obsesionarte por conseguir el amor que deseas, limítate a solicitar de tu ángel el «resultado perfecto» en el trance. Acepta luego lo que suceda como tal «resultado perfecto».

  ¡Si estás aguardando un amor romántico, un perdón, la enmienda de un equívoco o una simple llamada telefónica, una manera de asegurarte de que sobrevenga el «resultado perfecto» consiste en escribir una carta al ángel de la otra persona, justo como si te rigieras a un ser humano! Es sencillo, empieza con «*Querido ángel de* (nombre)» y declara que pretendes que te ayude. Recuerda siempre que toda moneda tiene dos caras; solicita, pues, el *resultado perfecto entre y yo*. Imagina, por ejemplo, que eres una mujer que ha conocido a un hombre llamado John, pero que nunca habéis tenido la oportunidad de intercambiar vuestros números de teléfono. En este caso podrías escribir: *Querido Ángel de John, te ruego que le ayudes a encontrar algún medio de establecer contacto conmigo y con un resultado perfecto para nosotros dos.* Fíjate en que no insistes en que John te llame; simplemente te limitas a solicitar de su ángel que halle un modo de que se relacione contigo. ¡Luego corresponderá a John seguir adelante!

- Ahora que has abierto tu corazón al amor, comienza a mostrarlo a tu cuerpo comiendo con prudencia. El único régimen alimenticio que precisas es una Dieta del Amor. Cada vez que sientas la tentación de criticarte o de comer y beber en exceso, manifiesta simplemente tu nombre y añade luego: «Te quiero». ¡Cuando adquieras este hábito no necesitarás compensarte por cualquier falta de amor, porque entonces te colmará!
- Emplea alguno de los dones de la Madre Tierra e invita a los Ángeles del Amor, el arcángel Gabriel, el arcángel Uriel y, desde luego, a Cupido, a que se reúnan contigo mientras mezclas algunos aceites de la aromaterapia para atraer el amor hacia tu existencia. Ten en cuenta que también puede servirte de ayuda acometer esta operación en el día más enérgico para cada uno de los ángeles del amor. El día de Gabriel es el lunes (¡que celebra a la Luna y ya sabes cuán romántica puede ser la luz lunar!), mientras que los días de

Uriel son el martes (nombrado en honor de Marte, el signo de la sexualidad masculina) y el viernes (¡que recibe su nombre por Venus!). He aquí cómo obtener una combinación sexualmente activa para atraer el amor. Hazte con un frasquito de color oscuro en donde verterás un aceite excipiente de almendras, oliva o de semillas de uva. Añade luego lo siguiente:

3 gotas de esencia de rosas o de palisandro.
3 gotas de esencia de sándalo.
3 gotas de esencia de ylang-ylang o de jazmín.

Agita suavemente el frasco y moja con ese líquido tus muñecas, la parte posterior de las orejas y, si lo deseas, otros puntos en donde percibas tu pulso.

Cabe también emplear estos aceites en un quemador. Por lo general, este dispondrá de un depósito en el que echarás primero agua y luego unas gotas del aceite o aceites elegidos. Para contribuir a atraer el amor hacia tu vida, añade al agua gotas de los siguientes aceites:

2 gotas de esencia de pachulí.
2 gotas de esencia de naranja o de neroli.
2 gotas de esencia de canela.

- Induce a los ángeles del amor a estar contigo, luciendo collares de cristal de cuarzo rosado. Otros cristales que atraen el amor son los de venturina y citrina. Existen ahora numerosos diseños de prendedores angélicos. Trata de encontrar alguno con cuarzo rosado, venturina o citrina.

  También es posible que contribuyas a atraer hacia ti las energías adecuadas si luces los colores rojo (por la pasión), rosado (por la propia estimación y el amor incondicional) y melocotón/albaricoque (para el flujo emocional).

- Enciende una vela especial con el fin de que garantice la llegada a ti del amor y asegúrate de que arda hasta el final. La vela puede ser verde (por la energía del corazón), rosada (por el amor) o roja (por la pasión). Si ya has pensado en alguien especialmente y posees algo que le pertenece, coloca encima o cerca del objeto una figurita de un ángel.
- Si aspiras a una relación romántica, antes de la aparición de la persona a quien aguardas, enciende varitas aromáticas de jazmín, rosa, pachulí o neroli. Elige un mantel y una vela rojos o rosados, y pon sobre la mesa un jarro con madreselvas, violetas o rosas. ¡No hay nada tan fuerte para suscitar el amor romántico y la pasión como una estancia de aroma sensual iluminada por las velas!

Los rituales para comprometerte al amor

Los ángeles del ritual de las cuatro direcciones

Los ángeles saben lo que pretendes (¡al fin y al cabo, son ángeles!), pero con frecuencia necesitamos comprometernos conscientemente desarrollando un determinado ritual. Eso supone relacionarse con los Ángeles de las Cuatro Direcciones: Norte, Sur, Este y Oeste. (Si no las has determinado, pregúntate por dónde sale el Sol cada mañana. Allí se encuentra el Este. Y en donde el Sol se pone cada tarde está el Oeste. Si tienes el Oeste a tu izquierda y el Este a tu derecha, te hallarás frente al Norte y la dirección a tus espaldas es la del Sur.) Cuando busques un nuevo amor, en tu vida necesitarás algunas **semillas machacadas de cardamomo**. Pero si aspiras a lograr que alguien retorne a tu vida, hazte con algo de **romero**. Como ya indiqué en el capítulo 1, los cuatro arcángeles, Miguel, Rafael, Uriel y Gabriel, cuidan de las cuatro direcciones de la brújula.

De ser posible, realiza este ritual al aire libre. Colócate de cara al Norte, soplando hacia allí una pequeña cantidad de las semillas de cardamomo (o del romero) al tiempo que dices:

Arcángel Miguel, Ángel del Norte,
te imploro que lleves contigo en dirección septentrional
mi ruego de obtener éxito en este trance.

Ahora, de cara al Este, soplando hacia allí una pequeña cantidad de las semillas de cardamomo (o del romero), dirás:

Arcángel Uriel, Ángel del Este,
te imploro que lleves contigo en dirección oriental
mi ruego de obtener éxito en este trance.

Después, de cara al Sur, soplando hacia allí una pequeña cantidad de las semillas de cardamomo (o del romero), dirás:

Arcángel Rafael, Ángel del Sur,
te imploro que lleves contigo en dirección meridional
mi ruego de obtener éxito en este trance.

Finalmente, de cara al Oeste, soplando hacia allí una pequeña cantidad de las semillas de cardamomo (o del romero), dirás:

Arcángel Gabriel, Ángel del Oeste,
te imploro que lleves contigo en dirección occidental
mi ruego de obtener éxito en este trance.

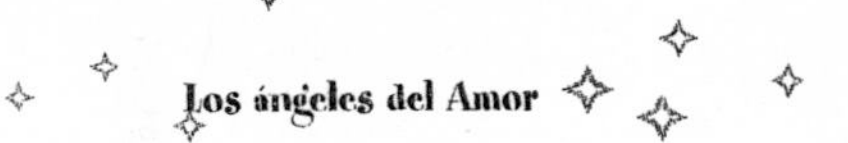

Una vez concluida esta tarea, manifiesta a los ángeles tu agradecimiento por su ayuda y entiende que no hay necesidad de repetirla.

El ritual de cinco pasos para conseguir una pareja amorosa

Sin darnos cuenta, en ocasiones tendemos a perder la concentración en nuestros deseos. Sabemos que queremos algo diferente de lo que tenemos, pero quizá no nos hayamos comprometido lo suficiente para alcanzarlo. Es como si fuéramos a una agencia de viajes y dijésemos: «Quiero una reserva en un vuelo». Y cuando el empleado preguntase la dirección, nos encogiéramos de hombros y respondiésemos: «Simplemente quiero una reserva en un vuelo». ¿Cómo es posible que confiemos en alcanzar nuestros objetivos sin decidir en qué consisten? Mediante la ayuda de los ángeles, cabe emplear el «Ritual de cinco pasos» para asegurarnos de la realización de nuestras aspiraciones. Este ritual te exige realizar unas anotaciones. Hazte, pues, con pluma, papel (de ser posible rosa, el color del amor) y un sobre.

¡En primer lugar, medita atentamente sobre lo que deseas lograr —una unión permanente o una relación romántica a corto plazo— con el fin de tener la seguridad de que pides lo que en realidad quieres! Trata de no ser demasiado preciso en la descripción de una persona, porque de tal modo es posible que te limites. Por ejemplo, quizá aspires a alguien que mida más de 1,80 metros y que tenga los ojos azules. ¡Y la persona con la que los ángeles quieren que te reúnas apenas pase de 1,75 metros y posea ojos verdes! Por añadidura, tal vez te intereses habitualmente por alguien de tu profesión, mientras que la persona adecuada para ti podría dedicarse a otra actividad. Así que no te empeñes en describir a alguien que no te está destinado; simplemente solicita *la persona perfecta para mí ahora mismo*. Asegúrate de seguir los cinco pasos por completo. Una vez que hayas practicado este ritual, debes saber que entrará en acción en el momento preciso para ti y que podría ser dentro de un día o de un año a partir de hoy. Cuando te pongas en manos de los ángeles, muéstrate tranquilo y confía en que ellos sabrán cuál es el momento más adecuado para tu persona.

He aquí cómo realizar el «Ritual de los cinco pasos». Haz las siguientes anotaciones, eligiendo las palabras que se te antojen indicadas en tu caso.

Amado Arcángel Gabriel (o Uriel):

Yo, ______ [tu nombre], tomo la decisión consciente de encontrar ahora mismo a la pareja/compañía/amante perfecta.

Me comprometo ya a encontrar a la pareja/compañía/amante perfecta.

Afirmo que ahora mismo voy a encontrar a la pareja/compañía/amante perfecta.

Gracias, arcángel Gabriel (o Uriel) por ayudarme ya a encontrar a la pareja/compañía/amante perfecta.

Ahora me voy y dejo esta petición en manos de los ángeles.

Firma con tu nombre completo y fecha la carta.

Advertirás que las frases citadas se hallan todas en el tiempo presente. Es así porque la Ley Universal (y esta incluye a los ángeles) radica en el presente. (La Ley Universal es una realidad de la física sobre la que no ejercemos poder, como sucede según el principio de «lo que das retornará a ti con mayor fuerza». Si escribieras una declaración en el futuro, como *encontraré...*, eso significaría declarar algo que puede suceder mañana; y bien sabes que ¡Mañana nunca llega! Examinando de nuevo esos cinco pasos, advertirás que adoptas una **decisión consciente**, que te **comprometes** en una acción, que lo que **afirmas** es verdad y que **agradeces** a los ángeles lo que te otorgan. Con la firma y la fecha cumples tu obligación de que eso sobrevenga en tu existencia. Introduce la carta en un sobre que pondrás bajo una figurita o una imagen angélica si dispones de alguna y **abandona** tu petición, sabiendo que está siendo atendida por los ángeles.

Capítulo 6

Los ángeles de la Abundancia Divina

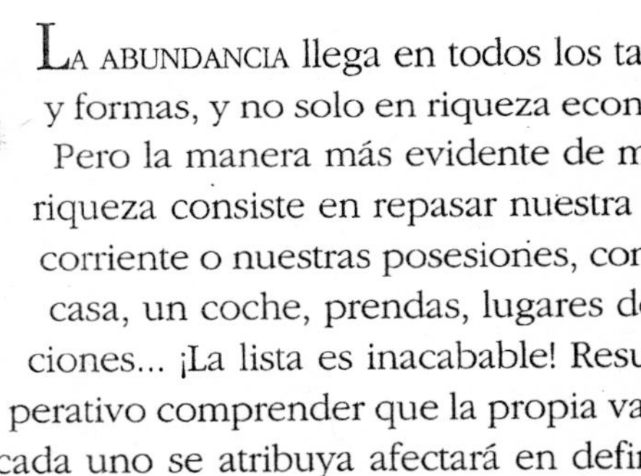

La abundancia llega en todos los tamaños y formas, y no solo en riqueza económica. Pero la manera más evidente de medir la riqueza consiste en repasar nuestra cuenta corriente o nuestras posesiones, como una casa, un coche, prendas, lugares de vacaciones... ¡La lista es inacabable! Resulta imperativo comprender que la propia valía que cada uno se atribuya afectará en definitiva a su valoración económica. Es con frecuencia posible, sin embargo, el hecho (se trata de tal) de que suceda al revés, es decir, que una persona juzgue su propia valía en función de su posición económica. Cabe entonces que creamos que constituye un error ser ricos. Y ambas consideraciones suelen ser frecuentes entre los criados en circunstancias difíciles. ¡En razón del modo en que oímos hablar del dinero como «maldito lucro», «sucias riquezas», «raíz de todo mal», «algo que no crece en los árboles», podemos llegar a concebir ideas muy curiosas sobre lo que representa en nuestra existencia! ¡Eso fue desde luego lo que me pasó! Pero la mayoría de nuestros juicios están equivocados. El dinero es solo dinero. La fuente del resultado radica en lo que cada uno hace con el suyo, en su influencia positiva o negativa. No es culpa del dinero que media mitad del mundo nade en la abundancia mientras la otra media muere de hambre. No es posible acusar de nada al dinero si se gastan millones para adquirir un cuadro preciado mientras que cabría emplear la misma cantidad para vacunar a miles de niños del cólera o del tifus y salvar así vidas. El dinero es simplemente dinero. Pero unos lo gastan en atender una necesidad mientras que en otros sirve para satisfacer su codicia. La creencia de que «El dinero es la raíz de todo mal» constituye una tergiversación. Lo acertado es señalar: «El amor al dinero por encima de las demás cosas representa la raíz de todo mal». ¡Y por lo que respecta a «El dinero no crece en los árboles», sabes, si eres propietario de bosques o de huertos, que allí se encuentra!

Yo procedo de un ambiente con «conciencia de la pobreza», como ahora lo llamamos. Eso no supone criticar a mis padres o a mi familia, sino sencillamente manifestar un hecho. Cuando era todavía un bebé, caí muy enferma y, puesto que nadie podía descubrir la causa, me llevaron a muchos hospitales de toda Irlanda y viví separada de mi familia durante varias semanas. Una vez que los médicos curaron por fin mi afección, mi madre acudió al hospital para recogerme. Se hallaba a más de treinta kilómetros de nuestra casa y, ya que carecíamos de coche, hubo de contratar para todo el día un vehículo con chófer, lo que constituyó un gasto enorme. Al ponerme en sus brazos, se sintió transida de júbilo. Allí estaba yo, sana de nuevo. ¡Pero entonces sobrevino la pesadilla! Le presentaron una factura por 32 libras que había de pagar inmediatamente. No hace falta decir que ella no tenía encima nada semejante (¡en esa época no se conocían las tarjetas de crédito!). Para horror de sus horrores, me recogieron de nuevo y anunciaron que no sería entregada hasta que fuese abonada la factura. Como es natural, mi madre se mostró hasta tal punto abrumada que el hospital cedió. Pero el terrible miedo a ser separada de alguien a quien quería y que me amaba se grabó profundamente en mí desde aquel momento. ¿Y cuál fue la causa? ¡Falta de dinero! Ocho años después, mi familia y yo emigramos a la Gran Bretaña y esa mudanza fue también precipitada en razón de nuestras difíciles circunstancias. El cambio de ambiente y de cultura me sumió en años de confusión y de aislamiento, determinadas en mi opinión por... ¡la falta de dinero! Y así, año tras año, equiparé la ausencia de dinero con confusión, pavor, miedo, aislamiento, privación y cualquier otra palabra que puedas imaginar para describir una situación de pesadilla.

Llegué incluso a creer que el dinero poseía un poder del que yo carecía; así que adquirió dimensiones desproporcionadas en mi existencia. Cuando muchos años después inicié mis ejercicios de curación, pasé épocas horribles en que disponía de ingresos muy escasos y me enfrentaba con la responsabilidad de una hipoteca y de un coche y todos los gastos adicionales consiguientes. Conocí tiempos en los que se agrandaban mis descubiertos bancarios y dependía de la ayuda de mis tarjetas de crédito. Alcancé a intuir que padecí todos esos avatares porque aún no había curado a mi «Niño Interior» (mira en el capítulo 5). ¡En aquellos días era frecuente que me despertara en plena noche soñando que se habían incautado de mi casa o de mi coche! Es posible que el banco tuviera noticias de mi posición precaria, pero nunca me acosó. Ignoraba la razón hasta que finalmente la advertí. ¡Aunque yo había permanecido ciega ante la realidad de mi propia valía, ellos supieron estimarla o, al menos, habían determinado que mi casa constituía una propiedad apreciable! Supieron que yo vivía en una mina de oro, aunque mi visión estuviera totalmente obnubilada por el miedo a la falta de dinero en mi existencia.

¿Cómo superé, pues, semejante situación? ¡Con la ayuda de mis ángeles, claro está! ¡Y por si crees que los ángeles no se ocupan de cuestiones tales como las económicas, tienes que saber que tanto el arcángel Gabriel como el ángel Parasiel lo son de la abundancia y eso, indudablemente, incluye el dinero! Los ángeles, como Dios, operan de modos misteriosos y mágicos.

Recuerdo que hace varios años recibí una llamada telefónica de un joven al borde del suicidio. Me había oído hablar por la radio acerca de los ángeles y trataba desesperadamente de verme. Residía a unos kilómetros de distancia, pero no tenía más medio de transporte que el autobús público y carecía de dinero suficiente para acudir a verme, aunque ni siquiera le cobrase nada por la consulta. Tengo muy presente que le dije:

—Si está decidido a venir a verme, tenga la seguridad de que los ángeles lograrán que lo haga, encargándose de la situación.

Al día siguiente, volvió a llamar para comunicarme una noticia asombrosa. La noche anterior, al sacar los cubos de la basura, había encontrado en el suelo del patio posterior un billete de diez libras. Se hallaba impoluto, no mostraba indicios de manoseo y crujía al tacto, pese al hecho de que había estado lloviendo hasta unos instantes antes de que lo encontrara. ¡Es innecesario decir que acudió a la consulta!

Me han ocurrido hechos semejantes en diversas ocasiones. Recuerdo en especial una vez en la que me sentía más indigente que nunca. Había terminado con la colada y acababa de poner sobre la lavadora las prendas ya limpias cuando sonó el teléfono. Era alguien que solicitaba ayuda y, desde luego, se la di. Tras la llamada, empecé a pensar que era una estúpida por realizar gratis todas esas consultas. Y luego fui a tender la ropa. Encima de la lavadora hallé un billete de cinco libras. No era nuevo y estaba un tanto húmedo por el contacto con las prendas recién lavadas. Agradecí a los ángeles aquel dinero, sabiendo que me compensaban por el tiempo que dedicaba gratuitamente a mis consultas por teléfono. Recibí asimismo otras sumas y cristales, siempre de mis ángeles y dentro de casa.

Antes de acometer ninguna magia con tu ángel en lo que se refiere a la abundancia, resulta importante que entiendas primero cuáles son en realidad tus sentimientos respecto del dinero. Como de costumbre, los ángeles no pueden obligarte a que hagas nada. ¡A ti corresponde la decisión de aceptar más bienes en tu vida! ¡No es posible ni desean forzarte a que conozcas la abundancia! Y eso incluye permitirte aceptar todas las cosas que te están reservadas. Si experimentas una cierta sensación de embarazo o de culpa mientras lees este capítulo, tal vez sea indicio de que necesitas mejorar tu actitud respecto del dinero.

A continuación expongo algunos ejercicios sencillos que cabe realizar para que averigües cuáles son tus reacciones en lo que atañe al dinero.

¿Qué es lo que sientes acerca del dinero?

1. Concluye en voz alta esta frase: «El dinero es...».
2. Escribe ahora diez frases acerca del dinero, acabando cada vez la siguiente manifestación: «El dinero es...». Prosigue hasta terminar las diez declaraciones. Resulta extraño cuán difícil puede parecerte si descubres que para ti representa un problema aceptar un apoyo económico en tu existencia
3. Cierra los ojos e imagina que entras en un banco con el que estás familiarizado. Un funcionario abre diversas puertas para que llegues a una estancia en donde se hallan guardados en cajas unos depósitos especiales. Del suelo al techo, la habitación rebosa de tales cajas. Conoces que encierran cosas específicas. El funcionario te entrega una llave con la que sabes que podrás abrir la

caja de tu propiedad. Mientras tu mirada recorre las pilas, ves algunos apelativos en las cajas y luego encuentras el tuyo. Ese recipiente lleva claramente marcado tu nombre y lo abres con la llave de que dispones. Examina el interior y averigua lo que hay. Es tuyo y solo tuyo.

¿Qué fue lo que encontraste allí? ¿Periódicos viejos, un lingote de oro, facturas pendientes, joyas falsas? ¿Rebosaba de dinero y de cheques o se hallaba vacía?

Quizá sea difícil comprender o aceptar esto, pero lo que dijiste, escribiste y viste en cada uno de los ejercicios previos es un simbolismo de tu modo de considerar el dinero en tu propia vida. Pregúntate qué significan tales símbolos y de dónde sacaste esas ideas acerca del dinero.

Inquiere lo que sucedería si no tuvieses un «problema» económico, si no padecieras la continua llegada de facturas a tu buzón. ¿Qué harías después de tocarte un gran premio en la lotería y pagar todo lo que debes? ¿Cómo cambiaría tu existencia? Haz gala de una completa sinceridad al responder a esas preguntas. Cuando indagues sobre la razón de permanecer en la penuria financiera, quizá descubras que se trata de una pauta aprendida de niño (como «Nunca hay lo suficiente para seguir adelante» / «Entra por una puerta y sale por la otra»).

¿Qué pasaría si alcanzases el éxito económico? ¿Qué es lo que cambiaría? ¿Es precisamente el cambio lo que te asusta? ¿O constituye la penuria el ancla que impide que te realices plenamente, te liberes y seas capaz de comenzar de nuevo? ¡Tal vez lo que necesites sea valor en lugar de dinero! Y precisamente la valoración de ti mismo es la que garantiza tu éxito económico. Mediante la aceptación del amor y de la tutela de tus ángeles a través de los siguientes rituales puedes empezar a conseguir que crezca de nuevo con salud tu propia estimación.

Los ángeles no pueden obligarte a que hagas nada. ¡A ti corresponde la decisión de aceptar más bienes en tu vida!

Rituales para atraer hacia ti la Abundancia Divina

Como el jueves se halla gobernado por Júpiter, el planeta de la expansión, este es el mejor día para buscar la abundancia en cualquier sector de tu existencia. Luce algo morado, amarillo, verde o dorado. Esos colores atraen la abundancia hacia ti. También es posible usarlos en velas para aportar «iluminación» a la situación económica.

He indicado antes que existe una prescripción general denominada «Ley Universal del Retorno Decuplicado» (mira en la página 16) que garantiza que tus dones se te devuelvan multiplicados por diez. He aquí varios rituales que puedes acometer para poner en práctica esa ley universal.

Un ritual para cambiar tu modo de pensar

Nuestras palabras —tanto proferidas o simplemente pensadas— crean el mundo en que vivimos. No lo comprendí tan claramente como cuando me juzgué sumida en la pobreza. Al tocar fondo, solo me quedaba un medio de seguir adelante y tenía que partir de un cambio de mis palabras. En vez de pensar «No tendré bastante» al llegar ante la cajera del supermercado, comencé a reflexionar sobre el término «riqueza». ¡No podía decir «Tengo más dinero del suficiente» porque sabía que no era cierto y poseía conciencia de la existencia de todas aquellas facturas en casa! Mas al pronunciar la palabra «riqueza», empecé a modificar mis pautas mentales y, puesto que estaba «entregando» riqueza, tendría que volver a mí de acuerdo con la Ley Universal del Retorno Decuplicado. ¡Y así fue! Ahora, cuando alguna vez me siento insegura en un cierto terreno, simplemente digo o pienso «¡Salud, Riqueza y Sabiduría, gracias, ángeles!». ¡Eso abarca todo cuanto importa!

Una manera muy simple de atraer hacia ti la abundancia estriba en decir: *El Ángel de la Abundancia comparece ante mí y prepara mi camino.* Resulta especialmente útil si necesitas solicitar un crédito adicional de una institución financiera. El arcángel Gabriel y el ángel Parasiel son quienes cuidan de nuestro valor económico. Elige una imagen o una figurita de un ángel y colócala sobre aquellas facturas pendientes que quizá te causen algún problema. Siempre que te preguntes «¿Cómo voy a pagar todo esto?», pronuncia de inmediato las siguientes palabras: *El Ángel de la Abundancia Divina está realizando ahora conmigo una tarea perfecta.* Te sorprenderá advertir cómo se solucionan las cosas. ¡De hecho, y si tú lo permites, este ritual resolverá todo género de dificultades económicas!

Recuerda que somos lo que creemos ser y que por tanto debes permitir que la magia angélica de la abundancia penetre en tu existencia. Sería de todo punto vano que los ángeles acumularan sobre ti la abundancia si sigues apartándote de esta. Una de las «inspiraciones» que mis ángeles me enviaron fue la de «Prepárate para un milagro». Reflexioné sobre esas palabras durante un cierto tiempo y luego comprendí por qué habían dicho que me preparase en vez de «Llega un milagro». Sucedió así porque me encontraba tan abatida que con facilidad habría dejado pasar cualquier beneficio económico que me sobreviniera repentinamente. Tenía que asegurarme de aguardar a alguien y necesitaba «prepararme» para aceptar los bienes que me estaban destinados. ¿Requieres «prepararte» para acoger las cosas buenas? En ese caso, empieza por modificar tus palabras y tus pensamientos con la ayuda del Ángel de la Abundancia Divina.

Un ritual para el diezmo

Cuando cada céntimo que ganas parece esfumarse de inmediato, resulta fácil creer que nunca conseguirás tener algún dinero. Eso era desde luego lo que yo pensaba hasta que adquirí el hábito de practicar el sencillo ritual del diezmo que me demostró todo lo contrario. (El diezmo, dejar a un lado la décima parte, representa un antiguo ritual utilizado en todo el mundo y constituye en su idea original el pago de un impuesto en metálico o en especie.) Se trata de algo sencillo. Todo lo que necesitas es apartar una décima parte del dinero que llevas a casa e ingresarla en una libreta de ahorros o en una hucha. (Si haces eso en tu hogar, coloca la figura de un ángel —preferiblemente de color dorado— cerca de la hucha.) Una décima parte de 1.000 euros es muy poco, de hecho tan solo 100. Una décima parte de 250 euros es 25 euros. Cuando empecé este ritual cobraba 250 euros por cada lectura psíquica y me parecía casi una pérdida de tiempo poner 25 euros en mi hucha tras cada consulta. Pero contraje el hábito y al cabo de un mes abrí la hucha e hice balance de lo que había ahorrado. Fuera cual fuese la cantidad, la multiplicaba entonces por diez y eso me indicaría cuántos eran mis ingresos. Si había ahorrado 100 euros en un mes, sería prueba de que había ganado 1.000. Y si tenía 300 euros, sabría que había conseguido diez veces esa cifra, es decir, 3.000. Antes de que pasara mucho tiempo comencé a entender que disponía de unos auténticos ingresos (aunque la mayor parte estuviesen destinados a pagar las facturas) y eso me ayudó a cambiar de idea acerca de mi capacidad de aportar abundancia a mi existencia.

Hay una norma muy importante acerca del dinero que ahorres a través del diezmo: ¡debes gastarlo en tu persona y no en nadie más! Cuando te satisfaga gastar dinero en ti mismo (lo que quizá resulte muy difícil si no tienes costumbre de tratarte bien), estarás entonces en condiciones de gastarlo en otras cosas y en otras personas.

Así que una vez demostrado gracias al diezmo que posees unos ingresos y cuando hayas pasado unos meses regalándote con lo ahorrado, podrás entonces percibir que hay en tu vida abundancia suficiente para compartirla con otros. Son muchas las confesiones religiosas que acogen de buena gana los diezmos, pero si no te sientes cercano a ninguna tal vez puedas destinarlos a la obra de caridad que prefieras o incluso iniciar un proyecto económico de ayuda a otra persona (en este último caso, se llama «dinero de siembra»). Procede con corazón magnánimo, mas si no posees seguridad al respecto, basta con que te acuerdes de la Ley Universal del Retorno Decuplicado y del Ángel de la Abundancia Divina. ¡Con ambos de tu parte volverá a ti, sean cuales fueren las probabilidades!

Un ritual para el empleo de afirmaciones

Las afirmaciones son manifestaciones simples y positivas que, utilizadas de un modo regular, contribuyen a modificar tus creencias, hábitos y expectativas, tornándolos mucho más favorables al efecto que nos ocupa. Como expliqué antes, nunca incurrí en complejidades manifestando afirmaciones prolongadas y comprometidas para aportar abundancia a mi vida. Me limito tan solo a pronunciar sencillamente el término «riqueza». Cuando te sientas más firme en tu credibilidad, formula diez declaraciones positivas acerca del dinero y exprésalas por escrito. Has de ser consciente del poder de cada palabra y manifestar en presente cada afirmación. De nada sirve decir «Mañana seré rico», ¡porque el mañana nunca llega! Tal vez te agrade empezar a declarar algo por el estilo de «¡Soy rico y me siento orgulloso de ello!» o «¡Son tantas mis riquezas que puedo compartirlas!». Expresa cada afirmación en voz alta al menos siete veces. Toma siempre conciencia de los términos que usas. Refiérete a un «todo» generalizado en vez de un escueto «algo». Di «más que suficiente» en lugar de «bastante». Y recuerda en especial que el Ángel de la Abundancia Divina se halla cerca, presto a auxiliarte.

El ritual de los cinco pasos hacia la abundancia

Como expliqué antes, cuando te comprometes al expresar por escrito tus ideas y creencias, otorgas aún más poder a las palabras. Con la ayuda de los ángeles cabe utilizar una vez más el «Ritual de los cinco pasos» para llegar a aceptar la abundancia económica. Se trata de algo semejante al ritual para el hallazgo de una pareja amorosa, pero en esta ocasión procura obtener papel tintado (de verde, morado o con algo de dorado), una pluma o un pincel fino para escribir con tinta dorada y un sobre. (Si no puedes conseguir tinta dorada, usa un rotulador verde o morado). Finalmente, todo lo que has de decidir es cuánto dinero ansías tener.

Sigue ahora estos cinco pasos:

Amado Ángel Gabriel (o ángel Parasiel):

Yo, _____ (tu nombre), adopto la decisión consciente de aceptar_____ (cantidad de dinero) o más en mi vida ahora mismo.

Me comprometo a aceptar_____ (cantidad de dinero) o más en mi vida ahora mismo.

Afirmo que ya tengo _____ (cantidad de dinero) o más en mi vida ahora mismo.

Gracias, arcángel Gabriel (o ángel Parasiel), por ayudarme a conseguir _____ (cantidad de dinero) o más en mi vida ahora mismo.

Parto ya y dejo esta petición en manos de los ángeles.

Firma con tu nombre completo y fecha la carta. Introdúcela en el sobre, pon encima o cerca la imagen o la figurita de un ángel y deja que él y los demás hagan el resto por ti.

Lo principal estriba en confiarles en este punto el asunto. No te entremetas, limítate a aceptar con gratitud lo que fuere.

Un ritual mediante el empleo de los símbolos monetarios

¿No es curioso que tantas veces pasemos por alto lo que es obvio cuando conocemos épocas difíciles? Un ritual simple que cabe realizar una vez al mes o siempre que experimentes tal necesidad estriba en usar los dones de la Naturaleza para que te ayuden a enderezar tu balance bancario. Un toque de esencia de bergamota en tu talonario de cheques, la cartilla de la caja postal, etc., y pronto advertirás cómo el dinero parece multiplicarse en lugar de desaparecer. La relación parece más clara en inglés: el dinero procede de la casa de la monedad, *mint*, que también significa hierbabuena.

Hay ahora a la venta unas bolsitas de «confeti de ángel», y si pones uno o dos de estos pequeños símbolos angélicos en tu talonario de cheques y en tu cartera, descubrirás que tus preocupaciones económicas escapan volando por la ventana en cuanto la abras.

Los cristales poseen asimismo la capacidad de comportarse como imanes para atraer el dinero hacia ti. Porta en el monedero una pequeña piedra de citrina y pronto advertirás que nunca se encuentra vacío. Te costará menos de una libra. Si no consigues encontrar citrina, opta por cualquier piedra de color dorado.

Un ritual para solicitar un préstamo

Cuando pides un préstamo, estás solicitando «credibilidad». El jueves es el día más indicado para buscar la abundancia económica (porque se halla gobernado por Júpiter, el planeta de la expansión). Viste algo de color dorado para atraer el oro hacia tu existencia.

Antes de acudir a la reunión, pide al ángel Parasiel que te acompañe cuando franquees la puerta. Manifiesta:

Glorioso ángel Parasiel, acompáñame al acercarme a esa persona. Precédeme. Ven a mis espaldas. Ponte a mi derecha. Ponte a mi izquierda. Te imploro que en este día arrojes tu luz sobre mi credibilidad.

¡Y acuérdate de dar las gracias!

Los ángeles del ritual de las cuatro direcciones

Es posible emplear un ritual similar al mencionado en el capítulo 5 y dedicado esta vez a aportar dinero a tu vida, solicitando la ayuda de los Ángeles de las Cuatro Direcciones: Norte, Sur, Este y Oeste. En tal caso, necesitas disponer de algo **de menta en polvo** para lanzarla a los cuatro vientos. Utiliza hierbas secas de mastranzo o de menta verde; de hallarte muy apurado, machaca un caramelo de menta. Si está a tu alcance, ejecuta este ritual a la intemperie. Colócate de cara al Norte y, soplando hacia allá una pequeña fracción de la menta, declara:

Arcángel Miguel, Ángel del Norte, te imploro que lleves contigo en la dirección septentrional mi petición de obtener éxito en este empeño.

Colócate ahora de cara al Este y, soplando hacia allá una pequeña fracción de la menta, declara:

Arcángel Uriel, Ángel del Este, te imploro que lleves contigo en la dirección oriental mi petición de obtener éxito en este empeño.

Colócate ahora de cara al Sur y, soplando hacia allá una pequeña fracción de la menta, declara:

Arcángel Rafael, Ángel del Sur, te imploro que lleves contigo en la dirección meridional mi petición de obtener éxito en este empeño.

Finalmente, colócate de cara al Oeste y, soplando hacia allá una pequeña fracción de la menta, declara:

Arcángel Gabriel, Ángel del Oeste, te imploro que lleves contigo en la dirección occidental mi petición de obtener éxito en este empeño.

Cuando hayas completado esta tarea, agradece a los ángeles su ayuda y entiende que no hay necesidad de repetir el ejercicio.

Ejercicio de visualización: El Huerto del Ritual de la Abundancia

Si deseas grabar este ejercicio de visualización, cuida de hablar lentamente con muchas pausas entre las frases al objeto de que puedas obtener una relajación plena en el momento de reproducirlo. Este ejercicio debe durar un total de 20-25 minutos. Como siempre, resulta importante que te halles cómodamente sentado cuando procedas a la visualización y que nada te interrumpa. ¡Descuelga, pues, el teléfono y apaga el móvil!

Comienza siempre un ejercicio semejante estableciendo contacto con la Tierra. Se trata simplemente de imaginarte dotado de raicillas o imanes que emergen de las plantas de tus pies y que se vinculan al terreno.

Cuando hayas procedido así, cierra los ojos y respira profundamente durante unos pocos instantes. Intenta imaginar, al inspirar, que te encuentras bajo una cascada de agua dorada que cae sobre tu cabeza. Su efecto es de alivio y ayuda al tocar tus cabellos. Luego, al inspirar, se desplaza hacia tu frente, penetra en los ojos y corre por los pómulos, la nariz y las orejas. Ahora el dorado líquido cubre tu boca y tu cuero cabelludo y después, mientras prosigues tus inspiraciones, se desliza por tu cuello. Es una sensación maravillosa la de esta ducha dorada. Puedes sentir que los ángeles ríen alegremente porque te has mostrado dispuesto a recibir su abundancia. Después el líquido dorado cae por tus hombros y baja por tus brazos. Colma tus codos y alcanza tus antebrazos hasta llegar a tus manos, y todos los dedos, incluyendo los pulgares.

En tanto sigues respirando suavemente bajo el líquido dorado, este desciende ahora por tu pecho y por tu espalda a lo largo de toda la espina dorsal. Baja por cada una de las vértebras como si descendiera por una escalera, peldaño a peldaño, con suavidad y fluidez. Luego el dorado líquido penetra en tu corazón y en tus pulmones y deja atrás tu cintura. Es una sensación maravillosa la de advertirse colmado de la energía dorada.

Y mientras prosigues tus inspiraciones, el líquido dorado llega a tu estómago, penetra en la parte inferior del torso y te ayuda a digerir la vida con facilidad y júbilo. Ahora se introduce en los órganos de la eliminación y en tus caderas. El espléndido líquido dorado te ayuda a avanzar sin quedarte ligado al pasado.

El líquido cae luego por tus piernas y muslos. Te sientes relajado, cálido y cómodo. Sabes que ahora te cura la abundancia amorosa de tus ángeles. Disfrutas de la irrupción del líquido dorado en tus rodillas, tus pantorrillas, tus espinillas y bajo los tobillos. Ahora alcanza los dedos de tus pies y todo tu cuerpo se colma de la energía maravillosa de la cascada dorada. Acoge jubilosamente esta energía dorada en tu existencia y agradece a los ángeles su ayuda y su generosidad.

Imagina en este momento que te encuentras fuera de un jardín cercado. Tienes ante ti una puerta. La abres y, cuando penetras, sabes que tus ángeles te acompañan en estos instantes.

Ya estás por fin dentro del jardín cercado. Hay muchos árboles y comprendes que se trata en realidad de un huerto. Ves a muchas personas y sabes que sus ángeles van con ellas. El tuyo te saluda e indica que lo sigas por un determinado sendero. Lo obedeces. Por el camino dejas atrás a numerosos seres humanos afanados en recolectar los frutos de los árboles. Tu ángel te explica que cada uno cuenta con su propio árbol, y ahora sabes que te diriges al tuyo.

Sientes un gran entusiasmo. Nunca supiste antes que tenías tu propio árbol y te preguntas lo que te reserva. Ahora ves que a corta distancia parece resaltar un determinado árbol. Sus ramas se hallan cargadas de todo género de extraños frutos. Cuando te aproximas, reparas en que no son frutos lo que cuelga de las ramas, ¡se trata de dinero! Tu ángel te explica que es el árbol que te está específicamente reservado. Toda la cosecha es tuya y para ti solamente. Ahora adviertes que te aguarda una gran opulencia.

Miras alrededor y hallas un receptáculo que podrás usar para trasladar tu cosecha. Tu ángel tiende una mano hacia una rama cercana y te muestra cómo agitarla. Así lo haces. La rama parece pesada al moverla y entonces el dinero empieza a caer alrededor de ti. ¡Es como si hubieras vuelto a hallarte bajo la cascada y se derramara sobre ti la abundancia! Contemplas billetes de todo tipo de valor y algunos cheques con tu nombre como destinatario. Eres incluso capaz de reconocer varias de las firmas de esos cheques. Comienzas a reunir tu cosecha en el receptáculo que encontraste. Pronto se colmará, pero todavía queda mucho más en el árbol.

Tu ángel te recuerda que este árbol es tuyo y que puedes volver y agitar sus ramas siempre que necesites en tu existencia una abundancia adicional. Te sientes ligero y animado cuando llevas contigo toda aquella abundancia. Sabes que en el árbol queda todavía mucho por numerosas que sean las veces que visites este Huerto de la Abundancia.

Agradeces a tu ángel su generosidad y el hecho de haberte hecho hoy compañía. Abres ahora la puerta del jardín cercado y una vez más te ves sentado en donde te hallabas. Respiras hondo y, al exhalar, eres capaz de percibir los dedos de tus manos y de tus pies. Repitiendo el gesto, consigues tener conciencia de todo tu cuerpo desde lo alto de la cabeza a los pies. Y cuando tornas a inspirar y exhalar sabes que ha llegado el momento de abrir los ojos y de retornar a esta habitación, sintiéndote descansado y con una abundancia muy superior a aquella con la que contabas antes.

¿Qué clase de receptáculo decidiste emplear? Algunas personas optan por una taza, otras por una gran cesta de mimbre. Fuera lo que fuese, resulta adecuado para ti en este momento. Pero recuerda que puedes volver cuantas veces quieras a tu peculiar Huerto de la Abundancia y que allí hay más que suficiente para cada uno.

Empleo desde hace algunos años este ejercicio de visualización y jamás me ha fallado. Con frecuencia me limito a imaginar que estoy bajo mi Árbol de la Abundancia, agito simplemente una rama y sé que el dinero irrumpirá en mi vida en un futuro muy próximo.

Capítulo 7

Los ángeles de la Protección

Es posible que en la escuela llegaras a saber de la existencia de los ángeles guardianes y del modo de rezarles, diciendo:

Oh, Ángel de Dios, mi guardián querido,
que el amor de Dios me envía.
Siempre a mi lado, de noche y de día
para iluminarme y guardarme, regirme
[y guiarme.

Y también:

Mateo, Marcos, Lucas y Juan,
bendita sea la cama en donde duermo.
Cuatro esquinas tiene mi cama.
Cuatro ángeles la rodean.
Uno en la cabecera y otro a los pies
Y uno en cada lado mientras yo duermo... *

Estas sencillas palabras han brindado seguridad y consuelo a muchos niños a lo largo de los años. ¿No es una ver-

---

* Cabe asimismo mencionar esta versión tradicional española:

Cuatro esquinitas tiene mi cama,
Cuatro angelitos que me la guardan.

(N. del T.)

güenza que de adultos acostumbremos a olvidarnos de hablar a los ángeles y de solicitar su protección? Sé muy bien que este fue mi caso, que a menudo me olvidé de pedir y que pasaba horas e incluso días dominada por el pánico mientras los interrogantes bullían en mi cabeza, impidiéndome concentrarme y recurrir a mi intuición hasta que por fin sentí el impulso de solicitar la ayuda de las energías superiores de los ángeles. Todo lo que tenemos que hacer es impetrar su apoyo, pero quizá parezca «demasiado simple para que funcione», y en consecuencia ni siquiera lo intentamos. ¡Qué pérdida de tiempo y de fuerzas! ¡Gracias a Dios, los ángeles parecen contar con una fuente inagotable de paciencia y de comprensión!

Son innumerables los relatos acerca de mágicas apariciones angélicas en las vidas de los seres humanos cuando estos se enfrentaban con una crisis o un peligro que amenazaba a su propia existencia. A lo largo de las décadas se han recogido tales relatos en todo el mundo, y en los últimos años su número parece haber aumentado. Muchos canales de televisión han presentado documentales sobre tales acontecimientos, y son numerosos los libros que se refieren al tema. En la mayoría de los casos, esos seres maravillosos se presentan súbitamente y desaparecen con la misma rapidez, una vez realizado un acto de protección.

Históricamente, el arcángel Miguel es el Ángel de la Protección, y a menudo se le representa empuñando una espada como símbolo de su misión. Está aquí para defender a los débiles y proteger a aquellos que abordan peligros de cualquier tipo. Gráficamente aparece matando un dragón, el símbolo de los temores a los que con su ayuda hemos de enfrentarnos en nuestro camino a lo largo de la vida hasta llegar a la propia realización personal. Ya me he referido a la historia de los soldados de Mons durante la Primera Guerra Mundial, aparición sobremanera notable cuando centenares de individuos sufrían un intenso trauma. No son muy frecuentes los relatos acerca de la protección ejercida en beneficio de muchos seres humanos, aunque abundan aquellos de personas que vieron ángeles en los cielos cuando un avión estaba a punto de estrellarse y las referencias a acontecimientos semejantes. Es más corriente que el ángel propio de cada uno le «avise» e intervenga y, por tanto, lo proteja, al estar a punto de enfrentarse con un peligro mortal. Esa advertencia puede cobrar la forma de empujarnos a comprobar que están apagadas todas las velas, a retirar el pie del acelerador o incluso a perder un avión, gracias a lo cual salvaremos literalmente la vida. Todo lo que necesitamos para disfrutar constantemente de su protección estriba en ser conscientes de su proximidad y pedirle que cuide de nosotros. ¡Tan sencillo como eso!

La compañía de un ángel me ha ayudado también a salir de algunas situaciones peligrosas. Hace algunos años, cercana ya la Navidad, conducía camino de casa por un determinado barrio de la ciudad con fama de inseguro. La ruta que seguí me haría pasar literalmente por tan solo unos metros de este sector y por lo común no solía presentar problema alguno. Por desgracia, aquel día un semáforo me dejó atascada tras un enorme vehículo de la limpieza y delante de un camión de la construcción. Según ya indiqué antes, constituye una buena idea despejar el asiento inmediato para invitar a tu ángel a que te acompañe y proteja. Afortunadamente para mí, aquel día había tomado esa precaución.

Mientras aguardaba a que el semáforo se pusiera en verde surgieron de una callejuela a mi izquierda y con los brazos en alto dos jóvenes que corrieron hacia la ventanilla que al parecer pretendían romper. He tenido siempre mucha suerte y jamás me había acontecido este género de incidente. Recuerdo que vi el desarrollo del suceso cual si fuera en cámara lenta y que sentí miedo. Casi era capaz de percibir cómo contenían la respiración otros conductores próximos a mí que contemplaban la escena. A tan solo centímetros de la ventanilla, los dos muchachos se detuvieron en seco y sus caras me revelaron una expresión de asombro y de terror. Luego regresaron a la carrera hacia la callejuela sin inferir daño alguno a mí o al coche. ¡Qué alivio! Ignoro lo que verdaderamente sucedió, pero estoy firmemente convencida de que mi ángel se hizo presente o adoptó en ese mismo momento la apariencia de una persona en aquel asiento y que tal intervención constituyó la causa del espanto de los chicos. ¡Y eso fue magia!

Ciertas personas preguntarán de inmediato: «¿Por qué suceden cosas tan terribles si hay ángeles que nos protegen?». Es indudable que algunos seres humanos se enfrentan con situaciones horribles y yo no puedo explicar por qué suceden tales hechos. Creo, empero, que nosotros mismos elegimos las experiencias con objeto de aprender aquellas lecciones que resulten específicas para nuestras propias necesidades individuales. Puede ser en primer lugar útil comprender que disponemos de la facultad de elegir. De otro modo, siempre seremos las «víctimas» y nunca aprenderemos nada de un avatar. Como declara uno de mis mensajes de Inspiración Angélica: *Quienes caminan junto a los ángeles aprenden a remontarse sobre las nubes.* Habrá por supuesto nubes (y grandes tormentas para algunos), pero cuando avances con la protección de los ángeles lograrás aprender a remontarte por encima. Eso no significa que no te sucederá nada difícil, aunque sepas conscientemente que tus ángeles te acompañan. Supone tan solo que con la ayuda angélica te resultará más fácil enfrentarte con épocas duras y seguir adelante y hacia arriba, más fuerte porque atendiste a tu lección y por tanto superaste la prueba.

El empleo de los siguientes rituales de protección te ayudará a conseguir la garantía de que tú, tu casa, tus seres queridos, tu lugar de trabajo e incluso tu vecindad se encuentran bajo la divina protección angélica. Recuerda, sin embargo, que cada uno de nosotros debe aprender sus propias lecciones, de manera tal que quizá hayamos de hacer frente a algunas crisis difíciles con el fin de desarrollarnos. Los ángeles no pueden obligarnos, ni nos forzarán a hacer algo; tan solo son capaces de sugerir la adecuada trayectoria de acción para nosotros. Permíteme añadir que si te preocupas de alguien que conduce cuando ha bebido y se niega a abandonar su proceder, cabe desde luego emplear en su favor los rituales que a continuación expongo. Pero la lección que esa persona requiere aprender tal vez sea la de abordar las consecuencias de conducir cuando bebe. Bajo la protección angélica, ese individuo quizá sufra un accidente cuando esté bajo la influencia del alcohol y por eso tendrá que «plantar cara a las consecuencias» o «aprender la lección». Pero esa misma ayuda de los ángeles puede significar una «escapada milagrosa» a cualquiera implicado en el incidente y que tal vez solo tenga que aprender acerca de los milagros.

Todo lo que necesitas para disfrutar constantemente de la protección de los ángeles estriba en ser consciente de su proximidad y pedirles que cuiden de ti.

Rituales para la protección angélica

- Siempre que te enfrentes con un problema o viajes de noche por una vía desierta manifiesta:

  El Ángel de la Protección Divina me precede y prepara mi camino.

- Cuando desearías simplemente desaparecer porque se te acerca un grupo de individuos de aspecto ominoso, imagina que en compañía de tu propio ángel se halla a tu lado el arcángel Miguel, dispuesto con su espada. Cabe también concebir que tus ángeles te cubren con sus alas. Si dispones del poder de esta protección, descubrirás que en la calle nadie parece siquiera reparar en tu presencia.

- Cada uno de nosotros tiene sus propias lecciones que aprender, y resulta duro advertir que nuestros seres queridos se enfrentan con problemas. No podemos ni debemos aprender esas lecciones en su nombre. Pero es posible que los estimulemos a solicitar para ellos la guía y la protección angélicas. Está asimismo a tu alcance proporcionarles un apoyo diciendo:

  El Ángel de la Protección Divina precede a _____ [nombre] *y prepara su camino.*

- Cuando conduzco, en especial durante viajes largos, siempre solicito compañía del Ángel de la Protección Divina y que además envuelva al vehículo con un aura de protección angélica. Con el ojo de mi mente contemplo el coche cubierto de un resplandor blanco o dorado para que nadie llegue a tocarme. Gracias a Dios, he conducido durante más de treinta años sin sufrir siquiera un rasguño de otro coche. Suelo llevar también en el cristal una pegatina con un mensaje angélico. Por lo general dice *Nunca conduzcas a más velocidad de la del vuelo de tu propio ángel.* Tengo también otro en donde se lee *Protección de los ángeles.* ¡El primero me recuerda que debo conducir con prudencia y el segundo, estoy convencida de ello, ahuyenta a los posibles ladrones!

Rituales para proteger de energías negativas a tu hogar y a tu lugar de trabajo

Cuando trabajas en un ambiente como el de una oficina, una fábrica o una escuela, resulta indudable que las mudables energías de cada individuo pueden afectar de un modo adverso a los demás, sobre todo si persisten ciertas tensiones. ¡Sucede otro tanto en una situación familiar si varias personas pasan por momentos difíciles y se enfrentan unas con otras! Lo que importa en este caso es comprender que aunque tus palabras carezcan de fuerza para contribuir al cambio de las energías negativas, con la ayuda de los ángeles son muchos los pequeños recursos capaces de marcar toda una diferencia.

La intimidación campa a sus anchas en algunos ambientes laborales, sobre todo allí en donde es posible que la tensión constituya cada día un factor clave. Aunque quizá te respalden las ordenanzas del trabajo, no resulta fácil superar un acoso constante y agobiante o incluso la simple falta de cooperación por parte de compañeros o asalariados y jefes. Una vez más, la intervención angélica permite aportar la magia a una situación estancada, incómoda e incluso agresiva. Si te sientes amenazado o intimidado, declara: *El Ángel de la Protección Divina me precede y prepara mi camino.*

¡Recuerda que allá a donde vayas, irás con tu ángel y que otro tanto sucede a los demás, a pesar del hecho de que no lo sepan! He aquí algunas maneras simples de crear armonía en tu hogar y en tu lugar de trabajo.

- Pide a tu ángel que hable al de la otra persona con el fin de que aporte comprensión y armonía a la situación. Expresa de un modo sencillo tu solicitud, justo como si hablaras a un amigo, diciendo algo por este estilo: *¿Podrás hacerme el favor de pedir al ángel de ______ [nombre] que examine la situación desde mi punto de vista?*, o *Te ruego que aportes hoy un amor adicional a la casa/el lugar de trabajo para que todos consigamos cooperar.* Cuando halles a la otra persona, manifiesta mentalmente: *La luz dentro de mí saluda a la luz dentro de ti.* De esta manera ambos estaréis más iluminados en vuestro encuentro.

- Juzgo muy útil el hecho de comprender, si estás con otra persona y sea cual fuere la opinión que te merezca, que también ella tiene un ángel en su presencia. Imagina simplemente qué sucedería si cada uno lograse ver al ángel del otro. ¡Cuánto cambiaría nuestra actitud desde la beligerancia a la estimación! Concibe ahora, por una sola vez, que eres capaz de ver al ángel de esa persona y de hablar con él en vez de dirigirte a ella. De tal modo escogerás con mayor fluidez unas palabras que crearán armonía en lugar de discordancia. Sí, tal vez sea difícil imaginar ese contacto, pero inténtalo de cualquier manera y tal vez te sorprenda el resultado. Según mi propia experiencia, cuando he padecido «relaciones problemáticas», siempre logré suscitar la armonía, manteniendo mentalmente una conversación con el ángel de la otra persona al hallarme en compañía de esta. Así que al tiempo que hablo en voz alta con ella, me comunico en silencio con su ángel.
- Escribe una carta al ángel de la otra persona, pidiéndole que con entendimiento y estimación se aclare la situación entre ella y tú. Corresponderá entonces explicarse al ángel del otro individuo, pero tú también debes mostrarte dispuesto a hacer las paces. La carta tiene que ser sencilla. Los ángeles conocen nuestros propósitos, y para interceder con el amor solo aguardan a que requiramos su intervención. Cuando expe-

rimenté lo que yo denominaría una «oportunidad de desarrollo» (¡en otras palabras, un problema!) en relación con alguien, solía escribir algo de este tenor: *Amado ángel de John, te ruego que nos ayudes a encontrar un medio de comprender el enfado entre nosotros y de proporcionarnos un amor adicional para que podamos perdonarnos mutuamente ¡Muchísimas gracias!.*

- Si en un determinado trance precisas de una ayuda complementaria, manifiesta: *El Ángel del Amor Divino opera en mí ahora mismo con el fin de conseguir el desenlace perfecto de esta situación.* El «desenlace perfecto» es el resultado adecuado. Eso puede significar una ruptura cuando la relación va encaminada a su desaparición o que abandones tu puesto de trabajo, si eso es lo que te conviene. No determinará que sucedan tales cosas si no constituyen el «resultado perfecto» para ti.

Recuerda siempre que no es posible que obliguemos a nadie a que cambie, por mucho que nos empeñemos. La transformación debe proceder de dentro, pero con la ayuda de los ángeles seremos capaces de brindar una oportunidad de cambio a las personas que comparten nuestro mundo, derramando sobre ellas el amor angélico. Tales individuos deberán decidir si lo aceptan o lo rechazan. Las razones principales de la incertidumbre y de la inseguridad en la sociedad radican en una falta de amor, que es simplemente otro modo de referirse al miedo. Una vez que compartamos la naturaleza amorosa de nuestros ángeles, lograremos contribuir a proteger de las energías negativas nuestro hogar y sucesivamente la localidad y el país en que radiquemos y todo el planeta.

Rituales para la protección de tu vecindad

Estás en condiciones no solo de lograr la protección angélica para tu hogar sino de extenderla a las áreas inmediatas. Prueba a realizar los siguientes rituales, tanto si te hallas en tu residencia como si estás a miles de kilómetros de allí.

Imagina que contemplas tu casa a vista de pájaro, tu jardín, el sendero, tus vecinos del otro lado... Concibe esa visión con una precisión tan grande como te sea posible. He aquí tres rituales distintos que cabe ensayar:

1. Imagina que una columna de luz intensa desciende del cielo y abarca toda la escena. Se trata de la luz de la protección angélica y, sea cual fuere lo que pase en otras áreas del entorno, esta parte de tu barrio se halla ahora protegida.
2. Piensa ahora que hay cuatro ángeles, uno en el Norte, uno en el Sur, uno en el Este y uno en el Oeste, y que cada uno sostiene una punta de un suave paño. Ese tejido abarca por completo la escena que has contemplado con el ojo de tu mente. Imagina que su color es dorado, blanco o añil.
3. Concibe al ángel Miguel, empuñando su espada ante tu casa/coche/oficina en gesto protector.

- Existe otra ritual rápido que te ayudará a proteger tu vecindad: Localiza mentalmente el edificio más alto de tu barrio. Tal vez se trate de la torre de una iglesia, pero también puede ser cualquier edificio. Ahora, con el ojo de tu mente, ves a un ángel o a un grupo de ángeles sentados en la cima. Del corazón de cada ángel brota un rayo de intensa luz dorada. El resplandor se agranda con el amor que el ángel te revela. Se extiende hasta abarcar los edificios y calles adyacentes;

cobra luego dimensiones mayores y alcanza a una superficie más extensa, incluyendo tu propia residencia. La luz brillante baña ahora las calles, los coches, los jardines anteriores y posteriores de cada casa y las mismas construcciones. Deja que aumente tanto como necesites hasta que te sientas muy protegido en tu vecindad. ¡Tal vez debas realizar este ejercicio pensando en la noche, si habitas en una zona en donde son frecuentes los actos delictivos, y pronto descubrirás que el número de estos se reduce espectacular y sorprendentemente!

Ejercicio de visualización: Protección de tu vecindad

Ya estarás con seguridad acostumbrado a disfrutar de estos ejercicios en un lugar tranquilo y cómodo en donde nada te perturbe al menos durante media hora. Te resultará más fácil proceder si grabas previamente el guion en un magnetófono o si, hallándote en una situación de grupo, haces que una persona lo lea. Asegúrate de estar cómodamente sentado y, de desearla, utiliza una suave música de fondo. Recuerda que disponemos de dos pulmones y que habrás de utilizar ambos para inspirar y exhalar; así advertirás que te resulta más fácil alcanzar un estado de relajación.

Comienza por tomar en consideración que te hallas sólidamente vinculado a la Tierra por los pequeños imanes de las plantas de tus pies. Cuando empieces a inspirar, será como si una suave luz azul surgiera de la tierra y penetrase por tus plantas hasta llegar a los tobillos. Al exhalar, desaparecerá toda fatiga de tus pies, e inspirando de nuevo la luz azul se remontará lenta y serenamente por la parte inferior de tus piernas, llegando a las rodillas. Ahora se esfuma al exhalar la energía vieja y rancia y cuando inspiras otra vez, la energía azul sube por tus muslos y caderas. Expulsa el aire poco a poco y al tiempo cualquier energía negativa. Inspira después hondamente y la energía azul subirá a la parte inferior del torso. Repitiendo inspiraciones y exhalaciones, alcanzará a la superior y liberarás la energía negativa y fatigada. Al tornar a inspirar, la luz azul penetra en tu espina dorsal y es como si toda tu columna vertebral quedase limpia y curada mientras que la luz asciende lentamente por cada vértebra. Desaparece entonces con tu exhalación una energía podrida. Al inspirar otra vez, la luz azul penetra en tus hombros, ayudándote a liberarte de toda la carga que portes. Desciende luego por la parte superior de tus brazos, por los antebrazos y colma tus manos. Cuando inspiras, absorbes la luz azul, y cuando exhalas arrojas fuera toda la energía negativa de la fatiga.

Con una nueva inspiración, la energía irrumpe en tu cuello y garganta y entra entonces en tu cabeza. Se desplaza a lo largo de tus mandíbulas hasta penetrar en tu boca, en tus oídos y en tus pómulos. Se introduce en tu nariz y en tus ojos, tu frente, bajo el cuero cabelludo y entre los cabellos. Alcanza la parte superior de tu cabeza y, al desembarazarte de cualquier energía agotada, comprendes que rebosas de una luz azul pura y curativa. Constituye una maravillosa sensación la de saber que te basta con pensar en la energía curativa para establecer una vinculación con esta. La energía curativa azul llega a cualquier lugar de tu organismo que requiera una curación. Disfruta de la experiencia de la desintegración de todo bloqueo corporal. Ahora percibes el sano fluir de la energía a través del conjunto de tu cuerpo.

Imagina ahora que te encuentras en un otero próximo al punto en donde vives. Cuando miras alrededor, puedes contemplar este barrio que te es tan familiar. Obsérvalo con atención y reconocerás algunas de sus características más relevantes. Desde esa cima es incluso posible que distingas tu propio hogar.

Adviertes entonces que tu ángel se encuentra a tu lado, contemplando el mismo paisaje. Sabes que, juntos, podréis contribuir a que desaparezcan cualesquiera tinieblas del barrio aportadas por tristeza y equívocos, miedo y ausencia de amor. Eres capaz de percibir la proximidad del ángel y el calor del cariño entre ambos. Cuando os volvéis para miraros, tu ángel abre las alas y te envuelve con su amor. Sientes que entonces tus pies abandonan el suelo y que asciendes seguro en el aire. Te portan las alas de tu ángel. Te adviertes feliz y a salvo, y dentro de ti bulle una espumeante sensación de la dicha que te aguarda.

Ahora notas cómo fluye el aire alrededor de tu rostro y de tus cabellos mientras recorres el paisaje y te remontas aún más en la atmósfera. Tu ángel y tú os halláis ya por encima de los edificios familiares y cerca de tu residencia. Vuelas sobre el tejado de tu casa. Descubres que tienes en las manos un gran cuenco de plata rebosante de confeti de ángel. Él y tú empezáis a derramarlo sobre tu hogar. Actúa con un efecto mágico y allá en donde cae elimina toda oscuridad. Brilla en las calles e ilumina los árboles y los jardines.

Mientras sigues arrojando confeti de ángel, reparas en que las gentes salen de sus hogares y de sus centros de trabajo y contemplan asombradas el resplandor que los rodea. Los que antes se mantenían aislados unos de otros, ahora se saludan alegremente, intercambian sonrisas, ríen juntos y comparten la amistad. Algunas de las personas vuelven la cara hacia la luz y sus rostros brillan de felicidad.

Prosigues tu viaje a través de los cielos y te acercas a otro lugar en donde reinan las tinieblas, el encono y el miedo. Tal vez conozcas a fondo ese paraje o quizá simplemente has oído que este sitio pasa por una época difícil. Quizá incluso no sepas cómo pronunciar su nombre, pero tu ángel entenderá que quieres ir hasta allí. Una vez más, vuelas con él por encima de los edificios. Tu acompañante y tú hacéis llover el confeti sobre este lugar. Algunas personas, es posible que desconocidas, salen a contemplar la luz que está disolviendo mágicamente la oscuridad. Quizá haya varias que tiendan una mano amistosa hacia su vecino por vez primera y ves cuán entusiasmadas se muestran cuando su entorno familiar queda mágicamente transformado por la luz angélica.

No hay prisa y es inacabable la cantidad de confeti de ángel. Tu acompañante y tú podéis ir a cuantos lugares se os antojen y regresar cuando os parezca oportuno. (Concédete tanto tiempo como desees.)

Te sientes feliz y colmado en el momento de emprender el retorno. Tu ángel te recuerda que eres capaz de acometer este viaje siempre que adviertas falta de amor en tu hogar o en tu vecindad e incluso aún más allá. Pero estás ya de vuelta al otero de donde partiste y es tiempo de regresar.

Tal vez desees respirar profundamente de nuevo y tornar a sentir el terreno bajo tus pies. Y serás capaz de percibir al instante toda tu persona hasta las puntas de tus dedos y de tus manos. Sobrevendrá entonces el momento de abrir los ojos y volver a la habitación de donde viniste, sintiéndote descansado, satisfecho y mucho mejor que antes.

Capítulo 8

Los ángeles de los Niños

PARECE que todos, incluso de recién nacidos, conocemos la existencia de los ángeles. Si has mirado a los ojos de un bebé, quizá te haya sorprendido lo que viste. Resulta a menudo harto evidente que en el alma de los recién nacidos hay una riqueza de saber que supera con mucho al nuestro; es como si el bebé observara nuestra alma y dijese «lo sé», a pesar del hecho de no ser capaz de hablar ni de valerse por sí mismo. Tal vez esa intensa sensación sea la reacción de nuestro propio espíritu, como si reconociéramos a un amigo del pasado. Pero por lo común, cuando el niño se desarrolla físicamente, ese conocimiento especial y tácito se esfuma en el éter y cualquier educación formal, basada en la evolución de la parte izquierda lógica del cerebro más que en el «conocimiento» de la derecha intuitiva, borrará de inmediato cualesquiera vestigios que subsistan. Recuerdo que mi propia sobrina, antes de ir al colegio, me dijo una vez tímidamente:

—¿Te acuerdas de la última vez que estuvimos aquí? No era así entonces ¿Verdad?

¡Cómo desearía haber contado en aquel instante con un magnetófono para grabar nuestra conversación!

Los niños saben de los ángeles. Este fue ciertamente mi caso, y en los últimos años he encontrado a innumerables pequeños que hablaban libremente de sus experiencias cotidianas con ellos, aunque sus padres las ignorasen. Por fortuna, el clima presente estimula semejante reconocimiento y estos pequeños no tienen por qué concebir la impresión de sentirse marginados cuando se manifiestan con sinceridad ¡Quizá te sorprenda agradablemente el descubrimiento de cuánto conoce ya tu hijo acerca de los ángeles! ¿Por qué no suscitar hoy mismo el tema?

Hay un relato encantador y auténtico del periodista estadounidense George Howe Colt. Nos cuenta que cuando su esposa pasaba por un embarazo difícil, el matrimonio se sintió en particular interesado en unas palomas cuyas crías se hallaban precariamente anidadas en una cornisa a gran altura de una calle neoyorquina. Llegaron a creer que si los polluelos sobrevivían a los riesgos en apariencia cotidianos que corrían, también ellos obtendrían la niña que se les había prometido. Por fortuna, todos lograron superar los momentos especialmente difíciles de los meses siguientes. Tiempo después, cuando su hija tenía seis años, explicó súbitamente a su padre que los ángeles no se parecen a las personas. Les aseguró que vienen a la Tierra bajo una forma en la que no se asemejan a los seres humanos.

—A Nueva York —afirmó— llegan con la apariencia de palomas.

Estimula a los niños que conoces a que atraigan a sus ángeles hacia su propia existencia. Explícales cómo pueden protegerlos y ayudarlos al igual que hacer otro tanto con las personas a las que ellos quieren. En una edad muy temprana, los pequeños se sienten omnipotentes; conocen que tienen el poder de crear la vida que desean y a menudo asumen en silencio la carga de la culpa si un desastre afecta a quienes aman a través de un accidente, un divorcio o algo semejante. Al margen de la sensación de desamparo que experimentan en tales casos, a menudo se muestran incapaces de expresar su agravio. Están convencidos de que nadie los escuchará y con frecuencia se advierten muy solos. Si les aclaras que su ángel los acompaña en todo momento y practicas algunos de los rituales siguientes, lograrás que acepten lo que no pueden evitar y que provoquen un cambio cuando esté en su mano.

Tanto si tienes hijos, como si careces de ellos, disfruta con los siguientes rituales. ¡Al fin y al cabo, todos contamos con nuestro propio «Niño Interior»!

Estimula a los niños que conoces a que atraigan a sus ángeles hacia su propia existencia.

Rituales para atraer a los ángeles hacia las vidas de los niños

- El siguiente ritual procede de una antigua costumbre china. Explícales que las aves del cielo actúan como mensajeros de los ángeles. Cuando surjan problemas que parezcan difíciles de resolver, toma un poco de arroz cocido o unas migajas de pan y mentalmente coloca tus peticiones en esas partículas alimenticias. Deja tal comida a los pájaros y las aves transmitirán los mensajes a Dios en tu nombre y en el de tus ángeles.
- Si dispones de un jardín, por reducido que sea, reserva un pequeño espacio para el ángel de tu hijo (si no lo posees, utiliza un tiesto). Haz que el niño plante y cuide este jardín especial. Elige algunas imágenes o figuritas angélicas que sea posible «plantar» en ese espacio. Estimula cada día al pequeño a que se ocupe de ese lugar especial.
- Promueve cada mañana el empleo de las Tarjetas de Inspiración Angélica, como se indica en el capítulo 3. Si tu hijo padece un problema específico que requiera

ayuda adicional, utiliza los mensajes de las tarjetas siempre que la situación lo requiera.

- Organiza diariamente un juego en el que haya que empezar diciendo: «Sé que mi ángel me quiere porque...», y promover después respuestas diferentes como «¡... porque te tengo!», «porque siempre me siento seguro», etc. Trata de concebir hasta cinco contestaciones distintas para cada ocasión en que participes en el juego.
- De vez en cuando reserva para un ángel un sitio adicional ante la mesa e invítalo a sumarse en la comida. De esta manera aportarás automáticamente paz y armonía a tu vida familiar.
- ¡Anima a tu hijo a mostrarse alerta ante la presencia angélica y los dones de los ángeles! Pon atención a la aparición en lugares anómalos de objetos inesperados, como una pluma blanca, una moneda de plata, una flor, etc.
- Sobre todo en los casos de acoso, acuérdate de la frase *El Ángel de la Protección Divina me precede y prepara mi camino.* La mayoría de los niños se muestran muy visuales en sus expresiones y así se refieren al arcángel Miguel y a su espada. Pregunta a tu hijo cuál sería la apariencia de la Ángel de la Protección Divina, con el fin de tornarlo real para él.
- En la escuela tu hijo puede recurrir a ángeles específicos con el fin de que le ayuden durante sus trabajos de clase, como el Ángel del Entendimiento Divino o el Ángel del Conocimiento, en especial por lo que atañe a los exámenes (¡a condición desde luego de que haya estudiado lo suficiente para aprobar!). Estos ángeles son capaces de aliviar el pánico y de facilitar la rememoración del saber requerido. Como siempre, cuando hables con los ángeles, utiliza un lenguaje coloquial y cordial, según el estilo de los siguientes términos:

Te ruego, Ángel del Entendimiento Divino, que me ayudes a recordar lo que he estudiado para que pueda conseguir el resultado perfecto en este examen.

- Anima a tu hijo a que imagine la existencia de un escudo protector frente a cualesquiera influencias negativas que le acechen y a que conciba a su ángel de pie tras él en todo momento.
- Colócate con frecuencia inmóvil y erguido e imagina una blanca luz que desciende del cielo y envuelve a ambos de pies a cabeza con un angélico resplandor defensivo.

Rituales para cuando te halles lejos

Si tienes que permanecer separado de tus hijos durante cualquier periodo de tiempo, puedes practicar algunos rituales con objeto de garantizar su bienestar y seguridad. Recuerda que tus pensamientos son capaces de crear una realidad, así que reflexiona sobre tus hijos, imagina que suceden buenas cosas a todos los que quieres, con abundancia de risas y júbilo que vibre hacia afuera.

- Pide a tu ángel que hable con el de tu hijo y le envíe amor y protección.
- Cabe asimismo solicitar del ángel Afriel, el guardián de la vida joven, que preste una atención especial a tus hijos cuando te halles lejos. Habrás de decir: *Ángel Afriel, que te interesas por los niños pequeños, asigno a tu cuidado a mi hijo* _____ [nombre]. *Te ruego que utilices la Luz Divina para que resplandezca en él y que con amor le envuelvas en tus alas.*
- Cuando hayas de permanecer alejado durante largos periodos, porta una fotografía de tu retoño y enciende

cerca una vela cada vez que te sientas inquieto. Solicita al tiempo de tu ángel que proteja y guarde a tu hijo.

Ejercicio de visualización: Un ritual para los niños

Hace ya muchos años quedó puesta de relieve la autenticidad del poder de la sugestión, y a través del empleo de técnicas de visualización puedes contribuir a que los niños se sientan seguros si consideran que su ángel cuida de ellos. Estos ejercicios de visualización son capaces además de contribuir a que los pequeños se desembaracen de sus temores, invitando a los ángeles a que los acompañen cuando se enfrenten con cualesquiera obstáculos.

Puedes leer este ejercicio mientras están en la cama o grabarlo en cinta y realizarlo en su beneficio. No te preocupes si se quedan dormidos durante la visualización; su espíritu permanecerá despierto aunque su cuerpo físico y su ego se entreguen al sueño. Tú eres quien mejor conoce a tu hijo; utiliza, pues, lo que a continuación sigue como un esquema cuyo contenido será posible alterar siempre y cuando lo consideres necesario, en función de su edad y de sus inclinaciones y aversiones.

Asegúrate simplemente de disponer de tiempo suficiente para la visualización (unos 12-15 minutos). ¡El resultado será un niño feliz y satisfecho, así que vale la pena el esfuerzo!

El guion se desarrolla del siguiente modo:

Imagina que eres un árbol. Piensa que tus pies son las raíces de ese árbol y sientes cómo penetran en el suelo que hay debajo. Qué a gusto y seguro te encuentras afirmado en el terreno. Ahora puedes imaginar un resplandor cálido que se alza de tus pies. Concíbelo como un bellísimo resplandor anaranjado que se remonta por tus piernas, llega a las rodillas y sube a las caderas. Ya es posible sentir la manera en que penetra en el resto de tu cuerpo, baja por tus brazos y asciende hasta tu cabeza. ¡Qué maravilloso es ser un árbol! Tus brazos son las ramas y tu cabeza es la copa. Eres capaz de percibir la suave caricia del viento entre las ramas y ver a las aves que pasan.

Concibe ahora en tu mente una aventura. Vas de paseo por un jardín encantador. Puedes ver muchísimas flores. Las hay rojas y anaranjadas y también distingues plantas amarillas y verdes. Abundan también las flores azules, moradas y blancas. Todas son muy hermosas. Ves en este instante a alguien que se dirige hacia ti. Te sientes muy feliz al saber que se trata de tu ángel. Se acerca más y se sienta junto a ti. Te encuentras contento y a gusto al notar cómo te rodean sus alas.

Ahora tu ángel te dice cuál es su nombre [pausa]. *Declara que te quiere y que siempre estará contigo porque su tarea consiste en acompañarte y en ayudarte cuando se lo pidas. Tienes que recordar pedir su socorro y que siempre se hallará allí.*

¿Estás preparado para recibir un regalo especial? Es un don de tu ángel para recordarte que está en todo momento contigo y cuánto te ama. Siempre que necesites una ayuda adicional te acordarás de ese regalo y del modo en que lo has encontrado hoy. Recuerda además que si te hace falta un auxilio especial bastará con que llames a tu ángel.

Ya es el momento de que vuelvas a tu camita caliente y cómoda y pienses en todo lo que viste en tu aventura. Inspira, pues, con fuerza y, al soltar el aire, podrás sentir una vez más tus pies y tus manos. Vuelve a hacer más respiraciones profundas y, cuando exhales, percibirás de nuevo todo tu cuerpo desde las puntas de los pies a lo alto de la cabeza. Y, repitiendo la respiración profunda, co-

nocerás que ha llegado el momento de abrir los ojos y de regresar a esta habitación.

Comenta con tu hijo la manera en que se desarrolló esta experiencia y, si el nombre recibido fue tan corriente como «Juan» o «María», no te decepciones. Los ángeles desean la amistad de los seres a quienes cuidan. ¿Qué mejor modo de ser aceptados como amigos de todos los días que tener un nombre sencillo? En función de lo que sea el regalo, tal vez puedas comprarlo o lograr que tu hijo lo haga o simplemente dibuje, y colgarlo de una de las paredes de su dormitorio. De esta manera la presencia del ángel resultará más patente para el niño. También es importante saber que el regalo simboliza algo que el pequeño requiere en su vida ahora mismo. ¿Qué podría significar? Cabe que lo discutáis juntos y que ensayéis diversas posibilidades.

A medida que tu hijo y tú os familiaricéis más con la magia del placer de tales visualizaciones, quizá te revele cosas que hasta entonces había callado, como su temor a ser objeto de acoso en la escuela o un miedo indecible a que lo abandones porque un día te mostraste malhumorado. Esta es una de las maneras en que opera la magia de los ángeles. ¡No es necesario que surjan estrellas fugaces ni rayos de luz! Todos los niños requieren amor, comprensión y apoyo, y con la ayuda de los ángeles serás capaz de aportar a sus vidas esa magia a largo plazo para que lleguen a convertirse en adultos sanos y seguros de sí mismos.

Una advertencia final

Es importante entender que los ángeles están aquí en beneficio nuestro durante cada segundo de cada hora de cada día. Se hallan aquí para contribuir a que nos acerquemos un poco más al cielo, pero te incumbe la responsabilidad de invitarlos a penetrar en tu vida. No existe límite a su amor ni a su apoyo, ni se requiere pago alguno. Conviene darles las gracias de vez en cuando, y puedes devolver el don de su amor contando a otros cómo diariamente aportan los ángeles la magia a tu existencia.

Confío en que hayas disfrutado con este libro y que contribuya a introducir en tu vida cotidiana ese ingrediente especial, la magia angélica.

La magia angélica se halla al alcance de cada uno; compartámosla, pues, todos.

Información adicional

Lecturas recomendadas

He aquí algunos libros que quizá te agrade leer:

Rosemary Altea, *The Eagle and the Rose,* Rider Books, 2001.

William Barrett, *Deathbed Visions,* Aquarian, 1986.

Pierre Jovanovic, *Inquiry into the Existence of Angels,* M. Evans & Company, 1995.

Eileen Elias Freeman, *Angelic Healing,* Warner Books, 1995.

— *Touched by Angels,* Warner Books, 1994.

The Findhorn Community, *The Findhorn Garden,* The Findhorn Press, 1988.

Dr. John C. Lilly, *The Scientist,* Ronin Publishing, 1988.

Gitta Mallasz, *Talking with Angels,* Daimon Books, 1992.

Raymond Moody, *Más allá la luz,* Edaf, 1992.

— *Vida después de la vida,* Edaf, 1975.

— *Reflexiones sobre Vida después de la vida,* Edaf, 1982.

Dr. Melvin Morse (con Paul Perry), *Más cerca de la luz,* Edaf, 1991.

Margaret Neylon, *Open Your Heart to Angel Love,* Angelgate Publishing, 1996.

Catherine Ponder, *The Prospering Power of Love,* DeVorss & Co, 1966.

Cherie Sutherland, *Children of the Light*, Souvenir Press Ltd., 1969.

— *In the Company of Angels*, Gateway, 2001.

Edmond Bordeaux Szekely, *The Gospel of the Essenes,* C. W. Daniel Co. Ltd., 1976.

Terry Lynn Taylor, *Creating With Angels,* H. J. Kramer Inc., 1993.

Ambika Wauters, *Oráculo de los ángeles,* Editorial Edaf, Madrid, 1984.